作者简介

杨东 中国人民大学法学院副院长；金融科技与互联网安全研究中心主任；大数据区块链与监管科技实验室主任；全国人大证券法、期货法、电子商务法立法专家；中央网信办中欧数字经济专家工作组成员；中国互联网金融协会网贷专委会委员；中国证券法学会研究会副会长；北京青年互联网协会监事长；教育部首批青年长江学者；全国十大杰出青年法学家提名奖。

他还是国家工商总局反不正当竞争法修改课题组成员，国家发展改革委大数据流通国家工程实验室专家委员，证监会和证券投资者保护基金公司专家委员，国家互联网金融安全技术专委会委员，中国电子学会区块链专委会副主任委员，中国计算机学会区块链专委会常务委员，中国金融科技50人论坛成员，中国人工智能30人论坛、中国个人信息保护与数据治理30人论坛、中国互联网竞争政策30人论坛发起人。

杨东教授曾多次受到中央电视台、凤凰卫视、新华网等知名媒体采访，并在中国社会科学、人民日报理论版等发表互联网金融的法律规制等中外论文100多篇，出版《互联网金融风险与安全治理》、《互联网+金融=众筹金融》、《金融服务统合法论》（该书获得教育部第七届高等学校科研优秀成果奖三等奖）《金融消费者保护统合法论》《最新日本公司法》（译著）《中国企业并购制度与实证分析》（日语）等共200多万字的著作。

杨东教授主要讲授企业并购法、经济法、金融法、互联网金融、金融服务法、区块链与数字货币等，并首次在国内法学院开设了《企业并购法》课程。

并购时代来临 如何抵御风险

Apocalypse of enterprise merger and acquisition

企业并购启示录

杨东 王莉◎著

解密企业的繁荣与衰败
揭示企业的争论与共鸣

企业管理出版社
ENTERPRISE MANAGEMENT PUBLISHING HOUSE

图书在版编目（CIP）数据

企业并购启示录/杨东，王莉著.—北京：企业管理出版社，2018.12
ISBN 978-7-5164-1731-7

Ⅰ.①企… Ⅱ.①杨… ②王… Ⅲ.①企业兼并—研究 Ⅳ.① F271.4

中国版本图书馆 CIP 数据核字 (2018) 第 129869 号

书　　名	企业并购启示录
作　　者	杨　东　王　莉
责任编辑	张　羿
书　　号	ISBN 978-7-5164-1731-7
出版发行	企业管理出版社
地　　址	北京市海淀区紫竹院南路17号　邮编：100048
网　　址	http://www.emph.cn
电　　话	总编室（010）68701719　发行部（010）68414644 编辑室（010）68701661　（010）68701891
电子邮箱	emph003@sina.cn
印　　刷	北京美图印务有限公司
经　　销	新华书店
规　　格	170毫米×240毫米　15.75 开本　13 印张　200千字
版　　次	2018 年12月第1版　2018 年12月第1次印刷
定　　价	88.00元

版权所有 翻版必究・印装有误 负责调换

前言 PREFACE

不懂并购，怎样赢得市场

在金融领域，不懂得并购，就像是植物学家不认识路边的常见植物、化学家不了解常见材料的组成分子式、物理学家不懂得最简单的地心引力。

如今，全球经济已经开始缓慢复苏，中国企业并购的活跃度大幅度提升。企业家需要明白，随着宏观经济与企业经济实力的改善，企业的工作重心也将跟着进入战略扩张的阶段。其中，并购是实现其战略性扩张的核心途径之一。

与国外成熟的经济市场环境类似，中国企业同样需要拓展新市场，研发新技术，打造硬品牌。当中国企业有能力应付并购重组需要付出的代价时，企业对并购重组的欲望就会被激活。同样，这也是市场经济发展到一定阶段，企业的"操盘手"必须要走的一条嬗变之路。

在此之前，中国企业想要发展壮大，多半依赖于之前积累的老路子，与发达国家相比并购经验较匮乏，尤其是跨境并购的经验。进入21世纪，国内并购重组的案例不断增多，无论成功与否，这些案例都为中国企业并购重组带来了经验。

近年来，中国企业开始不局限于国内企业的并购，把触角伸向了国外。尤其是在中国共产党第十九次全国代表大会以来，以及"一带一路"（即"丝绸之路经济带"和"21世纪海上丝绸之路"）行动纲领的指引下，中国企业的并购重组已经加快了走出国门的步伐。"一带一路"倡议能够从两个方面提升中国企业跨国并购的积极性。一是金融财税支持，二是"一带一路"倡议有国家背书，并购风险相对较低。

在以上大背景下，中国企业或许能够改变现今的并购现状，甚至引领下一波并购浪潮。而这势必也是国有企业与中国民营企业全民参与的一场狂欢。

本书详细介绍了什么是并购重组，中国乃至世界经历的并购浪潮、并购道路上企业遇到的艰难险阻以及企业在并购之路上陷入的误区，并通过对中国企业并购史中最具代表性的案例进行分析，以期让读者从不同的角度、各个阶段了解企业与企业间博弈的真相。

这里有一点需要说明，并购重组不是目的，更不是结果，它是企业实现跨越式发展的重要工具之一。通过并购，能够快速补足企业并不具备的优势，从而树立品牌，加速发展。但是，在这一过程中，大家往往忽视，产品优势和服务优势才是企业重要的核心竞争力。

在今天所处的大并购时代，各路资本摩拳擦掌，蜂拥而上，让各个企业跃跃欲试。而作为一家企业，要关注的还有很多。

目录
CONTENTS

上篇　并购常识

第一章　并购重组：时代的大势所趋 / 003

什么是并购重组 / 004

企业并购重组的常见形式及误区 / 020

我国企业并购重组的发展前景 / 027

第二章　大并购时代，透过历史鉴证当下 / 033

美国并购史上的沉浮 / 034

中国并购史上的沧桑 / 052

日本并购史上的革新 / 065

欧洲并购史上的变迁 / 072

中篇　并购风云

第三章　宝能系：霸道总裁式"野蛮入侵" / 083

从卖菜，到"买"万科 / 084

宝能系不配当万科的大股东 / 087

引火烧身：到嘴的"鸭子"飞了 / 094

监管层出手，万科暂时脱险 / 096

宝能系矛头直指格力，终引监管部门强势"围观" / 099

【"宝万大战"大事记】/ 102

【案例研究】宝能系与万科：保险资金该不该对上市公司举牌 / 106

【东风徐来】监管层强化重组监管的正确打开方式 / 110

第四章　顺丰：一腔"轴"劲上了市 / 115

顺丰当家人有多"轴" / 116

曾称"不上市"的顺丰缘何借壳上市 / 118

险被宅急送收购的"黑历史" / 122

几度涨停，顺丰当家人成全球富豪榜黑马 / 123

【顺丰上市大事记】/ 125

【案例研究】顺丰暴涨凸显监管空白 / 126

【东风徐来】翻涌而来的快递业兼并整合潮 / 128

第五章　"现金贷"：在争议中成长 / 131

"现金贷"究竟是什么 / 132

同行业并购：点融网并购夸客资产端 / 135

上市风潮：积木控股借壳上市之路 / 137

"现金贷"因何成为监管部门的"宠儿" / 140

【"现金贷"监管大事记】/ 143

【案例研究】"现金贷"问题透视 / 144

【东风徐来】"现金贷"监管制度建议 / 148

第六章　美团：与摩拜结缘 / 155

美团扩张之路，瞄准出行市场 / 155
捕获共享单车"独角兽" / 157
征服摩拜，靠的不只是钱 / 160
"接盘侠"还是大赢家 / 162
【美团并购摩拜大事记】/ 163
【案例研究】经济新常态下，中国企业该何去何从 / 164
【东风徐来】大数据法律的"痛点" / 165

下篇　并购深思

第七章　并购重组的法律问题 / 171

与并购相关的法律制度 / 172
解读《上市公司重大资产重组管理办法》
重点修订的内容 / 174
《上市公司重大资产重组管理办法》修订释放出的信号 / 179
《证券法》中需要关注的重点信息 / 182

第八章　如何实现反并购、反收购 / 187

并购与反并购的法律约束和具体措施 / 188
目标企业反并购策略选择 / 192
上市公司反敌意并购研究 / 196
全流通时代上市公司如何应对敌意收购 / 199

　　　　收购要约后的反收购策略 / 202
　　　　反收购措施的合法性检验 / 205

第九章　险资举牌的前车之鉴 / 209
　　　　追述险资举牌的来历 / 209
　　　　险资举牌为何大热 / 215
　　　　险资举牌存在哪些风险 / 219
　　　　监管部门为何叫停险资举牌 / 226

名词解释 / 231
参考文献 / 241

上 篇
并购常识

第一章
并购重组：时代的大势所趋

随着经济全球化的发展，人们的日常生活也发生了天翻地覆的变化，对企业而言，这种变化更为明显。

我们不得不承认，经济命脉并非掌握在某个人手中，而是被数以万计的、大大小小的企业操控着。

众所周知，企业是无数资产的凝聚体，它使资本产生了"1+1＞2"的效果，同时也使不同地域、不同血缘的人产生了交集。

如今，大并购时代的到来，让企业的发展翻开了新篇章。现代社会的新技术层出不穷，流行趋势变幻莫测，同行业间与跨行业的并购重组成为众多上市企业最佳的时代选择。

大并购时代的来临，让各路资本风起云涌、摩拳擦掌，上市企业跃跃欲试。一方面，资本要实现对上市企业的吞并；另一方面，上市企业要避免外来资本的挤压……在多方利益角逐面前，如何使用恰当的战略规划，才能促使企业顺利走向未来，是上市企业每一个操盘者亟待关注和解决的问题。

显然，并购不是简单的"购买"，也不是有套路可循的公式，它是一项极为复杂的命题。即便是久经沙场的操盘者，面对如此多的并购项目，也有可能折戟沉沙、铩羽而归。

什么是并购重组

2013年1月18日，新华网发布了一篇引自《证券日报》、名为《欧阳泽华：未来并购主要形式还是同行业间并购》的文章，文章介绍了时任中国证监会上市公司监管一部主任的欧阳泽华在中国人民大学讲座上的讲话内容。文章写道："由于当前我国PE（Private Equity，私募股权投资）受到资金来源、上市后退出的赚钱效应等因素影响，PE大多数项目集中在PRO-IPO（准上市前）阶段，做并购基金的比较少，不过未来我国并购市场会慢慢做大。他同时表示，初步预计，目前市场开始出现并购浪潮的拐点。未来并购的主要形式还是同行业间并购。"欧阳泽华表示，"当前跨地区、跨所有制的并购非常难，不过，并购能够推动产业结构的调整和升级。初步预计，目前市场开始出现并购浪潮的拐点。例如大量的社会游资、产业资本游资也在寻找新的投资项目，并购是个最佳的选择"。

这篇文章还指出："数据显示，'十一五'时期，企业间并购交易额累计突破6.4万亿元，交易笔数累计1.67万单，分别是'十五'期间总量的4.5倍和6.4倍。2011年，作为'十二五'开局之年，境内企业并购交易额和单数再次创下年度新高，分别达到1.62万亿元和4698单。"

也就是说，早在2013年，并购重组就已经有大热之势。对于2013年前后的企业而言，监管部门的新想法无疑为资本市场注入了新鲜血液。对于计划上市的公司而言,这也是一个极具启发性的思路;对于二级市场的投资者来说,这种变化也为其打开了通往并购重组以及新投资路径的大门。

许多上市公司已经从"被动并购重组"走向了"主动并购重组",借此获得资产倍增。并购重组影响了公司的资产价值、股权结构、产业结构,体现了其"上市公司价值变动重要因素"的地位。在股市监管层的支持下,许多上市公司依托资本杠杆等工具,积极开发横向、纵向的资产并购重组项目,以增强企业的综合竞争实力。

说到并购重组,我们不得不提到下面几个词语:合并、收购、兼并、并购,这是上市公司经常面对的四个名词,我们只是知道大致意思,很少有人能够说清楚它们之间到底有什么区别和关联。本节将从行业角度详细阐述四者的定义及它们之间的关系。

一、合并

这里的合并是指公司合并,即两家或两家以上的公司根据《中华人民共和国公司法》(以下简称《公司法》)规定,遵照其规定的程序签订合并协议,无需经过清算过程,直接融合为一个新公司的行为。

通常情况下,公司合并具有以下几个法律特征:

1. 公司合并是多个公司的共同行为,各公司担负同等法律责任,因而必须有各当事人的合并协议。

2. 公司合并是当事人间的自由行为,而非强制措施,当事人的想法直接决定是否合并以及采取何种方式合并。

3. 公司合并不需要经过清算程序,只要当事人达成一致便可以进行公司产权结构和股权结构的变更。

在英美法系国家,与公司合并相关的词有两个,即"Consolidation of corporations"和"Merger of corporations"。

根据《布莱克法律词典》（Black's Law Dictionary）的解释，Consolidation of corporations 是指"两个或两个以上的公司解散，同时成立一个新的公司，并接管解散公司的资产和承担的责任"，即 1（参与公司 1）+2（参与公司 2）=3（新公司）；Merger of corporations 指"一个公司被另外一个公司吸收，后者保留自身的名称、实体资格，取得前者的资产、责任、特许权和权力，同时被吸收公司丧失独立的商业资格"，即 1（参与公司 1）+2（参与公司 2）=1（参与公司 1）。

我国在 1993 年《公司法》中首次提到公司合并。在该部法律的"公司合并、分立"一章中规定"公司合并可以采取吸收合并和新设合并两种形式""一个公司吸收其他公司为吸收合并，被吸收的公司解散，二个以上公司合并设立一个新的公司为新设合并，合并各方解散"。根据该版《公司法》的规定，公司合并衍生出两种基本形式，即吸收合并（Merger）与新设合并（Consolidation）。

从基本定义可以看出，Consolidation of corporations 对应我国《公司法》中的"新设合并"；Merger of corporations 则对应"吸收合并"。

从专业角度来说，为了更加妥当地表示企业合并类型，Consolidation of corporations 应被译为"公司并合"或"公司联合"，而 Merger of corporations 应被译为"公司兼并"或"公司归并"。事实上，我国时常将 Consolidation of corporations 或 Merger of corporations 翻译为合并。其实这是不准确的说法，Consolidation of corporations 或 Merger of corporations 只是公司合并的一般形式，并不能代指"合并"。

国外法律通常并不会刻意区分 Consolidation of corporations 和 Merger of corporations，二者时常交替使用。与之相比，我国《公司法》直接对合并的两种形式下了定义，这种做法不仅具有独创性，也有理论和实践的双重意义。

此外，1993年颁布的《公司法》共有三条对公司合并进行规定的直接条款，分别对合并决议的形成、股份有限公司合并需省级人民政府或中华人民共和国国务院（以下简称"国务院"）授权的部门批准、合并的两种方式及合并程序做出了规定。

2005年10月27日，《公司法》由中华人民共和国第十届全国人民代表大会常务委员会第十八次会议修订通过，此次修订，不仅对之前《公司法》在实际应用中发现的问题进行了总结，还对失范、低效的一些条文规定进行了调整，并遵照节约法律资源、语言精当等技术规范的要求对之前的法律条文进行优化，涉及公司合并的相关规定在此次修订中也有相应的调整。

公司合并的意义在于强化原公司竞争力，促进原公司规模扩大，使社会化大生产加速发展。由于公司具有类别差距，所以在公司实际的合并过程中，有人针对公司类别的差异提出了是否需要加以限制的问题。

此方面主要有两种声音：一是非限制主义，二是限制主义。

支持非限制主义的人认为：同类别的公司，比如有限责任公司与有限责任公司、股份有限公司与股份有限公司之间可以实现合并。而不同类别的公司，比如有限责任公司和股份有限公司之间也可以实现合并。

支持限制主义的人则认为：理应限制合并公司的类型。其中包括两种限制，一是合并前限制，即不论是有限责任公司还是股份有限公司，都必须在同类企业之间合并；二是合并后限制，即无论是有限责任公司还是股份有限公司，两者之间可以随意合并，但如果合并公司之一是股份有限公司，那么合并后续存或成立的新公司必须是股份有限公司。在大多数国家，立法均支持限制主义。

我国现行的《公司法》中其实并未对是否需要限制公司类别做出明确规定，在实际情况中，多数企业合并均不限制企业类型。

二、收购

收购（Acquisition）是企业之间产权交易常见的一般形式，即公司 A 通过资金交易获得公司 B 部分或全部控制权。通常情况下，"Acquisition"被直译为获得、取得，但在证券市场，该词被用于形容公司 A 购买公司 B 的股票，以此获得公司 B 的控制权，因而被译为"收购"。

根据《布莱克法律词典》的解释，收购是指"成为某项财产所有人或者获取任何财产所有权的行为"，"尤指通过任何途径取得物质性财产所有权"。

如果对收购进行详细划分，可以分为原始取得（Original Acquisition）和继受取得（Derivative Acquisition）。根据不同标准，收购也可以分为横向收购、纵向收购、混合收购三种。

1993 年 4 月 22 日，国务院发布了《股票发行与交易管理条例》，该条例第四章内容为"上市公司的收购"，这也是"收购"一词第一次正式出现在我国法律法规中。该条例虽然涉及收购，却没有对收购的概念做出定义，仅规定"任何个人不得持有一个上市公司 5% 以上的发行在外的普通股；超过的部分，由公司在征得证监会（即中国证券监督管理委员会，以下简称"中国证监会"）同意后，按照原买入价格和市场价格中较低的一种价格收购"。（《股票发行与交易管理条例》第 46 ~ 52 条）

通常情况下，公司收购具有如下特征：

1. 发生在特定的经济条件下。不同形式的公司收购需对应不同的经济条件，只有在经济条件达到某种要求后才能够实现收购。无论是最初的横向收购、纵向收购，还是如今盛行的混合收购、杠杆收购，无一不是当时经济条件下的产物。

2. 收购主体不受限制。收购主体不一定是企业，凡是法律上具有权利能力和行为能力的人都能够参与投资。而且参与者基数可以是一，也可以是十、一百，甚至上千、上万。唯一需要注意的是，公司无法成为自己的收购者，因为"自己收购自己"是一个悖论。

3.收购客体受限制。目标公司一般为股份有限公司，尤其是已经上市的股份有限公司，有限责任公司以及股份两合公司通常不在企业考虑收购的范围之内。

4.收购目的是得到目标公司的控制权。在这一层面上最突出的问题就是，各国家和地区并没有清楚界定公司持有目标公司多大规模的股份才能获得其控制权。值得注意的是，如果不是出于获得目标公司的控制权而持股，那么这种购买目标公司股票或证券的做法只能算是投资行为，而非收购行为。这项特点也是确定购买股票或证券的行为是否为收购行为的主要标准。

除上述特点外，根据支付方式的差异，收购行为还可以分为以下六种形式：

1.以资金购买资产。是指收购公司利用资金直接购买被收购公司的资产，从而获得被收购公司控制权。

2.以资金购买股票。是指收购公司利用资金直接购买被收购公司的股票，从而获得被收购公司的控制权。

3.以股票购买资产。是指收购公司通过向被收购公司发行股票的方式获得被收购公司的资产。这种情况下，收购公司通常愿意承担被收购公司的债务，但也不乏收购公司出于某种考虑，只愿意承担被收购公司部分债务的情况。

4.以股票购买股票。是指收购公司向被收购公司发行股票，同时获得被收购公司的股票，进而实现双方"换股"。通常来说，"换股"的股票数量不定，但至少要保障收购公司能够实现控制被收购公司的目标。

5.以资产购买股票。是指收购公司利用资产购买被收购公司的股票，从而获得被收购公司的控制权。

6. 以资产购买资产。是指收购公司利用资产购买被收购公司的资产，从而获得被收购公司的控制权。

无论收购公司通过哪种形式购买被收购公司的资产或股票，其获得对方控制权的根本目的和本质意义都不会改变。

三、兼并

在我国经济生活中，兼并这个词语并不陌生，它经常出现在经济学或与企业相关的学术文章中。兼并一般指公司 A 通过合法方式获得公司 B 所有控制权或吞并公司 B 的行为。

1989 年 2 月 19 日，中华人民共和国国家经济体制改革委员会[①]、中华人民共和国国家计划委员会[②]、中华人民共和国财政部（以下简称"中国财政部"）、中华人民共和国国家国有资产管理局（以下简称"国家国有资产管理局"）联合发布了《关于企业兼并的暂行办法》。这是"兼并"两字第一次出现在我国规范性文件中，它规定："本办法所称企业兼并，是指一个企业购买其他企业的产权，使其他企业失去法人资格或改变法人实体的一种行为。不通过购买方式实行的企业之间的合并，不属本办法规范。"首次以规范性法律文件确定了企业兼并主要有以下四种形式：

"（一）承担债务式，即在资产与债务等价的情况下，兼并方以承担被兼并方债务为条件接收其资产。

（二）购买式，即兼并方出资购买被兼并方企业的资产。

[①] "中华人民共和国国家经济体制改革委员会"于 1997 年停止运行，于 2003 年将部分职能并入中华人民共和国国家发展和改革委员会。

[②] "中华人民共和国国家计划委员会"于 1998 年更名为"中华人民共和国国家发展计划委员会"，又于 2003 年并入原中华人民共和国国家经济体制改革委员会和中华人民共和国国家经济贸易委员会部分职能，改组为"中华人民共和国国家发展和改革委员会"。

（三）吸收股份式，即被兼并企业的所有者将被兼并企业的净资产作为股金投入兼并方，成为兼并方企业的一个股东。

（四）控股式，即一个企业通过购买其他企业的股权，达到控股，实现兼并。"

随后，国务院于1991年发布了《国有资产评估管理办法》，第三条规定国有资产占有单位进行资产评估的因素之一是"企业兼并、出售、联营、股份经营"。而在《国有资产评估管理办法施行细则》中指出："企业兼并是指一个企业以承担债务、购买、股份化和控股等形式有偿接收其他企业的产权，使被兼并方丧失法人资格或改变法人实体。"

上述两个概念虽然表述有些差距，但大意基本一致。

到了1996年8月20日，中国财政部印发了《企业兼并有关财务问题的暂行规定》，其第二条规定："本办法所称'兼并'，是指一个企业通过购买等有偿方式取得其他企业的产权，使其失去法人资格或虽然保留法人资格但变更投资主体的一种行为。"另外，该规定指出："在被兼并企业资产与债务基本等价的情况下，如兼并方企业承担被兼并企业债务的，经批准，可以采取划转方式取得被兼并企业的资产。"

从中可以看出，此时法律法规对"兼并"的界定已经和之前有些不同。如果被兼并的公司资产与债务相等，且兼并方公司承担了被兼并方公司的债务，那么兼并方公司能够避开与被兼并公司讨价还价的过程，直接通过划拨方式得到被兼并公司的资产。

事实上，这条规则是出于方便实际操作过程的考虑，本着实用主义的立场而建立的。从本质上来看，上述三条法规对"兼并"的释义并没有什么差距，只是细节处理上会有些许不同。

在实际操作中，有人会把收购与兼并混淆，其实收购和兼并之间的区别可以从取得控制权的层面找到。收购和兼并同属取得其他公司控制权的行为，但本质上却有显著区别。兼并相当于从被控制方手中"拿走"了法律人格，收购则比较"温和"，可能会影响被控制方的法律人格，但并不会完全夺取。

在我国当前的资产经营中，收购和兼并时常交替使用，但这种行为属于经济学范畴。从法律层面看待问题，应该更加严谨地根据其不同的意义和内涵使用。

收购和兼并是两种不同的法律行为，两者的差距还可以表现在以下几个方面：

1. 程度上的差距。

从经济学的角度来看，兼并可以算是一种通过比较特殊的方式进行的收购。但从某种程度上说，兼并要比收购更加彻底一些，因而在经济学上有"整体性收购"以及"完全收购"的说法。

在法律层面，即便是全面收购也与兼并有些许差距。收购的目的是获得被收购公司的控制权，公司的法人资格或法人地位并不会因全面收购而发生根本性变化，整个公司不会形成一个新公司。而兼并会使被兼并公司的法人资格或法人地位发生根本性变化，即彻底消失，整个公司改变原有结构，形成一个新的公司。

更简单地说，兼并的后果是被兼并公司不再具有法律人格，而收购通常不会破坏被收购方的法律人格。在兼并案例中，被兼并的公司将与兼并公司成立一个新公司；在收购案例中，被收购的公司成为收购公司的附属品，即便被收购公司日后被合并或解散，也不是收购行为直接导致的后果，而是收购公司获得被收购公司控制权后，由于一些决策导致的结果。

2. 法律主体上的差距。

在实际的兼并案例中，兼并的行为主体是两个独立的法人，且兼并公司往往比被兼并公司的实力强。而收购的行为主体是收购者和被收购公司的股东,被收购公司不能算作该过程的行为主体。

还有一点需要说明的是,被收购公司的股东未必一定是法人,也可以是其他人。也就是说,兼并行为需要公司的法人参与其中,而收购则未必需要法人参与,只要和股东达成一致即可。

3.适用的法律范围和法律程序差距。

对公司而言,兼并是一种重大的经营行为,必须经过股东大会商定一致,收购的要求则相对宽松一些。另外,兼并行为和收购行为的法律程序差距也很大。

四、并购

企业在资产重组、上市、融资等过程中,时常会涉及并购这个词。在国际上,并购被称为"M&A",英文全称 Merger & Acquisition,与广义的合并、收购意思相近,也可以理解为这两个词的合称。与合并、收购相同,并购也需要遵循相关的财产权利制度和企业制度。

就本质来看,并购过程是企业权利主体变换的过程,也可以说是不同的权利主体根据企业产权进行的转换行为。即某一或某部分主体负责出让所有权,并因此获得收益,而另一个独立的权利主体付出一定代价获得这部分所有权。

站在并购方的角度,并购是指企业出于发展经济实力、促进扩张、获得垄断利润、获得人才、跨入其他行业、收购资产倒卖获利等目的,为获得其他企业控制权进行的产权交易活动。

站在被并购方的角度,并购是公司依靠自身有利条件(品牌、市场等),为实现资本扩张和发展、使存量资产转变为增量资产、保障资本运作等目的,以转移其所有权和控制权的方式实现资本增值,是公司实现资本运作的一种经营手段。

并购是公司 A 取得公司 B 或公司 B 给予公司 A 资产、股权、经营权/控制权的运作。一旦并购成功，那么公司 A 将能够以间接或直接的方式控制公司 B。

通常情况下，企业之间的并购需要考虑以下两个因素：

1. 明确企业并购的动机。

在并购前，企业需要确定并购的目的，并确定对此次并购效果的期望。企业并购的目标多为寻求发展、扩大市场份额、获得更高利润、减少投资风险、提升品牌效应等。

其中，企业选择并购最普遍的动机就是寻求发展。企业扩张有两条道路可供选择，一是内部扩张，二是并购其他企业。相对并购来说，内部扩张的成效显得太过缓慢，且涉及了太多不确定因素，并购虽然也有很多不确定因素，但是通过并购企业能够在短时间内获得成效。

在理论层面，并购的动机可以归结为协同效应（Synergy）。并购交易者愿意付出特定资源去实现并购，多是由于某种协同效应。通过并购产生的协同效应有两种，一种是经营协同效应（Operating Synergy），另一种是财务协同效应（Financial Synergy）。

在实际操作中，并购的动因可以细分为以下几种：

①利用规模效应降低成本。并购促使企业规模扩大，企业规模扩大到一定程度时，企业便成为生产材料供应商的大客户，增加了谈判中的筹码，产生规模效应，以更低的价格获得生产材料。此外，由于企业的规模效应，资源整合以及充分利用资源的力度也会加大。而资源的整合以及充分利用是降低成本的有效手段，它能够使企业管理、物料、生产、经营等各个方面的成本降低，从而降低企业整体成本。企业的整体成本降低了，竞争力也就更大。

②占据更加有力的市场地位。在各个产业中，"龙头老大"的位置很重

要，一旦企业奠定了"第一"的位置就能够获得更多的社会资源和利润。并购不仅能提升企业规模、提高生产力，还能够帮助企业形成更加完善的跨行业和领域的生态链，提升企业的市场份额，成为行业的领军人物。

③塑造品牌效应，提升企业知名度。品牌效应体现了一个企业的实力及市场效益。抛开价格因素不谈，如果我们在几款作用、外观，甚至材质和做工都完全相同的产品中选择，几乎所有人都会不约而同地选择品牌产品，而非普通产品，这也体现了人们对品牌的认可。并购能够提升企业的知名度，增加产品附加值，从而带动企业经营链条的发展。

④获得更多的管理经验、先进技术、专业人才等资源。并购所带来的并不仅仅是某个企业的管理权以及资产，被并购企业的经营资源、人力资源、管理资源、技术资源等都可以被并购企业收入囊中。这些资源能够帮助并购企业获得更好的发展，提升其综合竞争力。

⑤跨行业并购实现企业多元化。这一条是针对混合并购而言。由于行业竞争加剧，企业如果只在某一领域发展，很难保证其长久性和规避一些风险。企业通过跨行业并购能够扩大其经营范围，获得更多的市场份额和利润，同时分散仅仅针对某个行业的风险。

2. 规避风险。

前文我们说到，并购并不一定尽善尽美，也会出现一些问题。那么，如何在并购过程中规避风险、及时解决问题是并购参与者需要重视的。

顺利完成并购能够给企业带来发展，但并购遇到瓶颈也会对企业的运营造成负面影响，甚至使企业损失惨重。企业在并购过程中降低风险不仅能够保障企业获得更多利益，同时也是企业现有经营状态的保障。

事实上，并购是把双刃剑。有人觉得并购是企业扩张的捷径，但一味走捷径反而容易陷入盲区，所以企业的并购方案需要把风险控制在最小范围之内。企业并购需要规避的风险主要包括以下几点：

①对目标公司的具体情况不够了解。并购看似武断，其实需要进行多次市场分析和观察，尤其是进行跨境并购时，要学习跨国公司的方式，不要"一步登天"控制整个企业，而是循序渐进，从小做起。并购之前，并购企业与被并购企业之间的信息不对称，因此企业在实施并购前，需要针对目标企业的价值及市场风险进行全面、翔实、客观的评估，认真查看对方财务报表是否存在漏洞，对方是否存在负债，其设备等是否已经用于抵押，防备对方提交的资产明细作假，降低并购风险。同时，并购企业需要根据自身的发展规划和现有财力等因素综合考虑并购后果，并对其进行全面分析，从而保障企业能够有能力承担并购风险。

②没有及时抓住机会。一个完美的并购案不仅需要企业能够准确筛选被并购企业，还需要企业能够抓准时机。企业如果确定了并购目标，必须在最短时间内决定进退，不要因为犹豫拖得过久，这会浪费大量的时间和金钱，得不偿失。更有甚者，被目标公司看准时机溜走，导致徒劳无功、鸡飞蛋打。

③没有及时理会融资风险。企业想要完成并购方案必定需要大量的资金，但在筹集资金的过程中也有可能出现问题。比如融资不当，会影响企业的资本结构以及财务杠杆，提升企业的财务风险。

另外，融资的及时性也是需要考虑的因素，如果不能及时筹集到资金就无法保障并购顺利进行。在实际操作中，融资方式主要分为两种，一种是债务性融资，一种是权益性融资。这两种方式各有利弊。

债务性融资：企业负债融资通常为长期借款，这种融资方式最好通过银行机构。问题在于，银行信贷并没有针对企业并购的信贷项目，信贷项目只针对维持企业流动资金或固定资金，因此企业通过负债融资很难得到银行的帮助。除了通过银行借债融资外，企业还可以通过发行企业债券的形式融资，这种负债融资的方式成本低，且时间跨度大，在规模上具有一定的局限性。

权益性融资：企业大量融资的基本方式之一就是发行普通股。这种融资方式不受固定利息限制，风险相对较低。但这种方式的弊端在于，对股东进行利益分配时，股东获得的利益来自于企业净利润，提高了资金成本，不能享受纳税利益。

④反收购风险。企业并购有时候会上升到两个企业之间的敌意收购，一旦事情演变到这一阶段，被并购的一方会不惜一切代价阻挠并购进行。对于并购一方来说，这种情形势必会导致其付出更多的成本完成收购，但成本增加并不意味着并购一定能够顺利进行，并购很可能会因为被并购一方的破釜沉舟而胎死腹中。

⑤并购后的企业运营风险。企业完成并购并不意味着能够产生协同效应，也就是说，并购双方之间的资源未必能够在第一时间实现共享和互补。不仅如此，并购后还可能出现规模不经济，即生产规模扩大导致长期平均成本增加，影响甚至拖累整个公司。

⑥被并购方的人员未能妥善安置。并购后被并购方的人员安置及相关成本通常要由并购方来承担，如果并购方处理不当，导致管理成本和经营成本增加，企业会为此背上沉重的包袱。

五、并购重组

并购重组是指两个公司或多个公司之间实现合并，重新组建一个新公司，也指各公司间相互持有对方的股份。

并购重组蔚然成风并非偶然。在发达国家的证券市场，通过吸收合并等方式进行并购重组的案例不在少数，这也导致发达国家在并购重组方面的立法比较完善。反观我国，股权分置问题在此前很长一段时间内没有得到根治，造成上市公司没有相应的体制环境和内在的动力考虑并购重组。

2005年9月，中国证监会公布了《上市公司股权分置改革管理办法》（证监发〔2005〕86号），其第一章第二条写道："上市公司股权分置改革，是通过非流通股股东和流通股股东之间的利益平衡协商机制，消除A股市场股份转让制度性差异的过程。"

这次改革基本解决了困扰中国证券市场发展的股权分置问题，为更多上市公司并购重组奠定了基础。随着股权分置改革的逐步推进，中国资本市场也发生了翻天覆地的变化，为促进上市公司大规模并购重组提供了条件。

另外，国有股流通后的流动性更强，持有国有股与其他法人股的股东和持有流通股的股东之间的关系也发生了变化，从一开始的对立变成不再对立。这一改变使双方之间更容易建立互信机制，对上市公司并购重组产生了积极的影响。

上述背景决定了上市公司并购重组的风向，中国并购重组的风潮还要从2006年说起。自从2006年《公司法》和《中华人民共和国证券法》（以下简称《证券法》）修正实施以来，上市公司并购重组的数量越来越多，并购重组的方式和支付方式也变得更加多样化。在支付方式方面，并购重组通常采用现金支付方式，而这一项传统被当时新出现的定向发行股票、吸收合并等方式所替代。

再加上经济转型以及产业升级利好等因素，许多企业为了寻求发展都将目光放在了并购重组上。不得不承认，并购重组的确能够帮助企业在短时间获得跨越式发展，能够帮助企业快速实现产业升级以及衍生出新的产业链。我国市场机制的逐步完善，为并购重组成为潮流提供了温床。

上市公司并购重组的动机多是低成本扩张、同行业兼并扩张、上下游企业纵向扩张，寻求整合后通过协同效应降低整体成本。除此之外，上市公司出于降低行业风险、增加利润等考虑，也会进行多元化并购重组，同时进入多个产业的不同业务中,利用不同行业的不同景气周期(即经济由萧条到回升,最终高涨的过程)稳定或提升企业利润,降低经营风险。

上市公司通过合并、换股等方式重新调整目标企业的资产结构与商业结构,盘活闲置资产,形成一定数量的优质资产,把有效资源集中到高效、优势的产业中,从而提升资源的配置效率和使用效率。

并购重组的另一个好处就是减少竞争对手。企业通过并购重组能够减少同行业的竞争对手,对扩大经营规模和提升企业影响力具有积极意义,能够加速企业形成规模经济,以更加低廉的成本争夺市场,提升企业的盈利能力和市场竞争力,促使企业快速发展。

其实,并不是并购重组后就一定能够形成一个全新的、高效率、高效益的新公司,后期的整合过程十分重要,许多并购案例失败的原因都是后期整合没有到位。

整合是指并购重组协议生效后,并购重组中的甲方(即并购方)调整其组织架构,使并购重组双方变成一个全新的公司。更直白一点来讲,就是并购方获得被并购方资产所有权或者经营控制权以后,对资产、市场、技术等维持企业发展的要素进行重新评估,根据评估结果进行全面、系统性的重新安排,使并购重组后的企业遵照此前确定的战略目标持续发展。这说明了并购重组后期的整合过程很关键。

经营管理整合主要针对企业资产、市场资源、生产技术等方面的整合,包括资金、设备、厂房、土地、专利、专有技术、客户资源、销售体系、采购体系、价格体系等多个方面。

并购重组会使上市公司控制权转移,在此过程中如果高层管理人员出现大范围、大规模调整,会破坏原有的利益和权力格局,这必然会对上市公司整体造成影响。所以,上市公司并购重组后不仅要考虑资产、市场、技术等方面的融合,也要考虑员工安置方面的风险,从市场、生产、技术、人力等多个方面综合考虑。由于各个企业之间的情况不同,并购重组后的融合没有特定统一的标准,并购重组后的融合也应该根据实际情况进行调整。

企业文化整合同样至关重要,并购重组后有必要将两个或多个个体的发展目标、管理方法统一到一个方向上来。

并购重组的上市公司可能位于不同行业、不同领域、不同地域,也会拥有不同的价值取向,其企业文化必定有所差距。因此并购重组双方要根据两者的企业文化进行对比,找出共同点和差异,并确定双方企业文化中矛盾的地方,根据具体情况进行调整,调整的原则是尽量不要进行大幅度改动。

企业并购重组的常见形式及误区

并购重组包括兼并、收购、合并、托管、租赁、产权重组、产权交易、企业联合、企业拍卖、企业出售等多种形式。

由于并购重组的种类多样,根据要素的不同可以细分为不同的种类。例如:

根据被并购重组企业的法律状态可以分为新设法人型(即并购重组后参与双方全部解散,之后成立一个新的法人)、吸收型(即并购重组后其中一方被另一方吸收)、控股型(即并购重组后参与双方并不解散,仅为一方持有另一方股份,以控制其业务发展)等。

根据并购过程中的支付方式可以分为现金支付型(即通过支付一定数额的现金获得目标公司所有权,可以分为即时支付、递延支付两种)、换股并购型（即通过用自身股票换取目标公司股票的形式获得目标公司控制权，可以分为增资换股、库存股换股、股票回购换股）、杠杆支付型（杠杆支付的资金来源为债务融资，并通过以此获得的资金完成企业兼并）等。

根据并购手段不同又可以分为特许经营型、托管型、租赁经营型等。

……

在众多支付方式中，现金支付是最简单、最快速、最透明的支付方式，一旦并购公司通过现金支付方式购买了目标公司股东手中的股份，目标公司股东便失去了原有权益。在具体操作中，现金支付的资金来源多为自有资金、发行债券、银行借款、出售资产等。

股票支付能够实现优化资源配置，不需动用大量资金，具有不受并购方融资能力制约、规避评估风险、延期纳税等优势，因而在国际上被大量采用。

杠杆支付本质上与现金支付相差无几，它属于债务融资现金支付的一种。两者之间的差距是杠杆收购是以目标公司的资产及未来盈利作为担保获得贷款，或者是通过目标公司发行垃圾债券来融资，垃圾债券利率高，风险也高。通过杠杆支付，企业只需付出极少的代价便可以获得目标公司的控制权。

除此之外，根据并购重组的程度可以分为收购目标公司整体（即兼并整个目标公司）、收购目标公司资产、收购目标公司股份三种。

1. 收购目标公司整体。

收购目标公司整体即整体收购，其产生的后果是吞并目标公司全部，在并购重组行为结束时，目标公司已经不复存在，而是成为属于并购方的一个分支。被并购方在融入并购方时，也将自己的全部资产（包括资金、设备等有形资产和专利、技术等无形资产）、职工等全面融入并购企业，并购企业可以根据自己的经营理念合理分配这些资源。

如果采用了这种并购重组的形式，并购方需要密切关注目标公司的债务情况，全面了解目标公司的债务信息，针对债务承担方面做出具体的应对方案。一旦并购重组生效，目标公司的全部债务都会叠加到并购方身上，也就是说，并购重组后目标公司的债务会成为并购方的债务。如果事先目标公司没有说明这一点，或者并购方没有全面了解这一点，那么并购重组后并购方有可能背负庞大的外债，结果是赔了夫人又折兵。

2. 收购目标公司资产。

与收购目标公司整体相比，收购目标公司资产的动作明显小很多，它是指获取目标公司一部分或者全部资产。这类资产的形式包括厂房、土地、现金、设备、原材料、产品等有形资产，也包括品牌、专利、许可、商号、商标、特殊技术、知识产权、商业机密等无形财产。

以收购目标公司资产的方式实现并购重组可以使目标公司继续存在、经营下去，当并购方认为目标公司缺少相应资产，并已经将债权债务全部了结，目标公司已经无力继续经营时，并购方可以立即解散目标公司。

值得说明的是，在其他方式的并购重组过程中，无论目标公司继续经营下去还是当即解散，对并购方来说都丝毫不受影响，除非并购方在收购目标公司时选择承担起部分或全部债务。

而以收购目标公司资产完成并购重组，并购方可以适当忽视目标公司的债权问题是否会影响到自身，因为这种形式的并购重组只是获得目标公司部分物体，物体本身多半并不存在债权债务问题。唯一需要注意的是，并购方所收购的目标公司的物体是否为抵押物或者具有出售限制等情况。如果没有这种情况，并购方可以安心进行并购；如果存在这种情况，并购方需等待目标公司将抵押或者出售限制等问题解决，而后再进行并购重组。

3. 收购目标公司股份。

收购目标公司股份与收购目标公司股权、股票可以归为一类，也是比较多见的并购重组形式。收购方可以通过协议，也可以以强行收购方式向目标公司提出收购，以付出一定代价为前提，获得目标公司等价的股票或股份。目标公司被收购股份后仍然可以继续经营下去，债权债务也不会发生交换，但目标公司的股东人员以及各股东持股的比例都将或多或少发生变化。与之相应，目标公司的控制权也会发生变化，连同经营目标、经营人员、经营模式、经营作风等都可能会发生变化。

收购目标公司股票后，并购方可以获得目标公司的控股权，甚至成为目标公司最大的股东，获得其控制权，这也是并购方收购目标公司的目的。相对于其他并购重组的形式来说，收购目标公司股票较为温和，几乎兵不血刃，外表看不出来变化。

上述几种形式是较为常见的并购形式，从不同角度来看各有利弊。

另外，由于并购涉及的行业和领域广泛，且样式多变，所以在并购过程中很容易形成一些误区。以下简单列举几种比较常见的误区：

1. 资金层面的误区。

只依靠并购方手中的资金可能无法实现规模庞大的并购案例。不仅如此，如果并购方通过银行贷款，就要受限于企业及银行双方的资产负债情况。

另外，我国企业并购常见的融资方式是发行新股、实施配股权，股市扩容规模、公司上市规则会对这两种融资方式产生影响，许多公司并不能通过这种形式融资。公司也可以通过发行债券（如可转换债券）的方式融资，但需要受其资产规模、负债、偿债能力等方面的限制，只有各方面达标的企业才能够获得发行债券的资格。

并购的融资模式相对单一，成为企业并购重组路上的拦路虎。在这种背景下，杠杆收购成为中国资本市场亟须开拓的领域。

近年来，杠杆收购不负众望，成为一种比较常见的并购重组方式。杠杆收购的资金来源受各个国家和地区不同的金融环境而变化，虽然美国杠杆收购的历史比较悠久，但是并不一定要全部效仿。在我国杠杆收购并非一定以目标企业的资产作为担保，也可以用并购方的资产作为担保，或者同时以并购双方的资产作为担保。

并购重组过程中，杠杆比例应该控制在一定范围内，且参与者应为信用高的金融机构，可以包括一部分自有资金或者现金支付，高风险的垃圾债券应被排除在体制之外。此外，企业通过股票和债券融资需符合国家相关法律及监管部门的规定和要求。

2. 央企并购重组地方国企的误区。

有人认为央企并购重组地方国企是"国进民退"：央企成为"老大"，地方企业没有话语权，全凭政府说了算，一边冷一边热。其实这种并购重组只是做大了规模，内部技术、管理、品牌等并没有得到提高。

地方政府希望通过依附央企保障当地税收水平，所以地方政府考虑的是地方税收能否保持稳定增长，并没有考虑央企和地方国企并购重组后能够带来什么样的效果。央企考虑的多为规模能否扩大，也忽略了效果这一层面。因此，央企和地方国企之间的并购重组数量走低，看似规模扩大了、市场占有率高了，成本自然降低了，业绩上去了。事实并非如此，比如钢铁行业的并购重组，其实只是换了个牌子，没有发生根本的实质性变化，并购重组的效果并不明显。

3. 中国企业海外投资误区。

有人认为，中国许多资源类企业的原材料都不在国内，国内的并购重组并不能满足其对原材料的需求，还不如通过国内的信贷支持到国外去购买原材料。实际上，这种并购重组是针对次贷危机前目标公司的股价，股价下跌后能够以更低的价格买入，这是很难得的机会。

这一种类似于"两边受力"的压力，使企业在海外投资的力度越来越大。

4."缺"什么"并"什么。

很多企业高管都是根据企业自身的条件去选择目标公司,企业哪方面处于弱势、企业缺乏什么就将该领域的企业定为目标公司。这种逻辑关系看起来并没有什么问题,但是容易犯一个大错,他们将并购重组的目标定为企业而非产品,这种形式的并购重组会出现泡沫,即买进公司而非生产技术,或者说买进公司而非公司产品的生产。买进与目标公司不相关的资产,除了用泡沫定义,找不到其他更合适的形容词。

另外,并购重组后还会有二度投资整合核心资产的过程,在此过程中,非核心资产将会成为并购负担。因而企业并购重组理应由企业层面递进到产品层面,才能摆脱误区。

5.并购重组中当局者迷。

并购重组很多时候是企业管理者一时冲动,当局者迷。实际上,并购重组更加需要一些理性分析。

海外很多国家的经济环境都与中国不同,不管是利率、汇率,还是文化、风俗、温差……这些都有可能引发不同的生活环境,而不同国家的不同收入情况势必也会影响整体消费水平和观念,基础设施,比如铁路、电路等覆盖率不同也导致了不同的商业布局。中国驻扎海外的企业不少,但真正盈利的并没有那么多。

显而易见,中国国内并购重组的成功率高,是因为国内的并购重组多在同质性企业之间发生。

中国国内许多企业都会根据自身缺乏的核心技术选择并购重组的目标公司。事实上,即便是先进的技术并购重组也未必能带来想要的结果,许多太过先进的技术反而面临整合上的盲点,导致技术收购可能会以失败告终。依托自身科研技术成果引进新的技术可能更容易成功。企业并购重组不是只看重技术，还可以将目光放在同类对手企业，着重于其类似产品和销售渠道。也就是说，改变之前缺什么买什么的态度，而是不缺什么还要买什么。

20世纪末，中国企业发展壮大，其实走的还是很早之前积累的老路子，并购经验相对较低，尤其是跨境并购方面的经验。进入21世纪后，中国国内并购重组的案例不断增多，无论成功与否，这些案例都为中国企业带来了宝贵经验。

并购重组想要成功，"天时、地利、人和"缺一不可。但与《孟子·公孙丑下》所说的"天时不如地利，地利不如人和"不同，在市场经济中，天时高于地利、地利高于人和。天时指的是国家形势、经济形势、市场形势、产业发展形势等；地利指的是人文环境、区域经济布局、资源供应等；人和指的是并购重组双方管理层的信任关系、企业文化融合程度、人力资源互补性等。

总之，并购重组不是目的，更不是结果，它是企业家实现企业发展的工具。具有优势的产品、服务，才是最重要的竞争力。通过并购，使企业的产品和服务在短时间内被广泛传播，企业也从中获得了利益。

综上所述，中国国内的并购重组领域尚未实现市场化，反而陷入规模化、只看重企业层面而非产品层面，尚未出现全局化、前瞻性的场面。因而，中国式并购重组还应该"慢慢来"，将理论性知识基础打好，没有内涵的并购重组就像是绣花枕头，并没有实际效果。这是每一个企业不得不思考的问题。

我国企业并购重组的发展前景

就二级市场投资者层面来看，2013年至2017年，上市公司存量优化已经引领了投资风向。2017年后的数年内，这一风向应该不会有太大变化。

除了企业和投资者层面，在监管层面，为了促进企业并购重组，中国证监会增加了审核窗口。同时，并购重组的审核实现了公开化、透明化。在并购工具方面，监管部门大力促进基金发展，鼓励以并购基金、公司债券和权证产品的形式进行并购重组。

尤其是中国共产党第十八次全国代表大会以来，以及"一带一路"行动纲领的指引下，中国企业加快了"走出国门"的步伐。

"一带一路"沿途串联起65个国家（包括中国），涉及的国家多为发展中国家。2016年，除中国外，剩余64个国家的GDP共计约12.0万亿美元，在全球总GDP中占比16.0%；总人口约32.1亿人，在全球总人口中占比43.4%；对外贸易额达到71885.5亿美元，在全球贸易总额中占比21.7%。

虽然"一带一路"沿线国家看起来经济疲弱、基建落后，但透过现象看本质，这些国家含有大量人口、资源红利，具有很强的发展潜力。总体来看，"一带一路"沿线国家在全球经济布局中至关重要，是否能够借助这一助力点顺势而上，对于中国企业来说至关重要。

由于"一带一路"帮扶沿线国家的作用，很多人将中国提出的"一带一路"倡议和第二次世界大战后美国提出的"马歇尔计划[①]"混为一谈。就其本质来看,"马歇尔计划"与"一带一路"倡议并不相同。但不可否认,"马歇尔计划"确实有不少有利于本国企业"走出国门"的措施,同时也影响了美国的并购风潮,值得中国借鉴。

当然,中国"一带一路"倡议不可能去复制美国"马歇尔计划"中"打着'无偿援助'旗号,实际上通过商业不平等条款让本国企业实现跨境并购"的这种不公平的方式,但"一带一路"倡议的实施,为中国企业掀起并购风潮或改变并购风向带来了机遇。

从国家层面来看,"一带一路"倡议能够提升中国企业跨国并购的积极性。于2014年12月24日召开的国务院常务会议上,针对金融支持企业"走出去"这一点做出了不少讨论,并提出简化审批力度、拓宽融资渠道、健全政策体系等各项举措,目的是加快资金融通。

2017年5月5日,中国证券网发表了一篇名为《一行三会齐发声 勾勒金融支持"一带一路"建设大框架》的文章,文章写道:"方星海(中国证监会副主席)指出,'一带一路'给资本市场带来新机遇,同时资本市场也应在'一带一路'建设中发挥重要作用。其一,拓宽直接融资渠道,提高服务'一带一路'倡议的能力;其二,积极参与沿线国家金融基础设施建设;其三,提高证券服务机构国际竞争力,支持中国企业'走出去';其四,建设大宗商品区域定价中心,提高企业管理风险能力;其五,加强"一带一路"金融人才队伍建设……"

这些说明"一带一路"倡议提出并实行后,中国政府从来没有停止过支持中国企业"走出去"的脚步。对于中国企业来说,这也是一次很好的

[①] 马歇尔计划(The Marshall Plan):官方名称为"欧洲复兴计划"(European Recovery Program),又称"战后欧洲经济复苏计划",于第二次世界大战结束后由数名美国人提出,目的是援助、协助被战争破坏的西欧各国重建,对欧洲国家的发展及世界政治格局具有深远影响。

机会。

另外,"一带一路"倡议有国家背书,并购风险相对较低。"一带一路"倡议针对诸多国家和地区,但对中国企业来说,其背后是整个中国的综合实力。

2015年3月,中华人民共和国国家发展和改革委员会(以下简称"中国发改委")、中华人民共和国外交部、中华人民共和国商务部(以下简称"中国商务部")网站联合发布了《推动共建丝绸之路经济带和21世纪海上丝绸之路的愿景与行动》,该文件特意强调"一带一路"的原则:"坚持市场运作。遵循市场规律和国际通行规则,充分发挥市场在资源配置中的决定性作用和各类企业的主体作用,同时发挥好政府的作用。"从国家层面给予"一带一路"倡议实施过程中企业的并购战略信任的背书。

其中,"一带一路"倡议的持续推进为中国工程机械领域的企业创造了绝佳的大好时机。"一带一路"沿线国家货运设备多半处于落后地位,基础设施建设不足为工程机械提供了发展良机。

在中国与"一带一路"沿线国家进出口运输方式中,水路运输超过五成,铁路运输占比也很大。交通运输的基础设施建设奠定了中国与"一带一路"沿线国家合作、交易、运输的基础,从报关到放行的时间周期成为决定双边贸易发展的关键。但是,"一带一路"沿线国与国之间铁轨标准、运输线经营主体、货运量等标准之间存在或大或小的差异,对运输效率造成巨大影响。同时,从报关到放行的时间周期过长也导致货物流通受到影响。对于"一带一路"沿线国家来说,加强基础设施建设已经迫在眉睫,这也给中国工程机械领域的企业发展提供了机会。

实际上,从2012年开始,中国工程机械企业已经打开了跨国并购的大门,跨国并购不仅是为了进入外国成熟的营销网络,更是为了获得世界上最先进的科研和技术成果,并借助国际上企业间的交流,增强自身的文化管理水平。

"一带一路"倡议的实施也为这些企业打开了更加广阔的大门。"一带一路"横跨三大洲,已经成为中国工程机械出口的突破口。从中国工程机械工业协会公示的数据来看,2016年全年出口最大的区域为亚洲,占比51.7%,"一带一路"沿线国家出口总额97亿美元,占比57%。"一带一路"沿线国家基础设施建设投资及并购交易总额为4940亿美元,借此机会,行业出口或将达到新的制高点。

以经营工程机械的三一重工股份有限公司(以下简称"三一重工")为例。三一重工先是确立国内市场的竞争优势,在国内站稳脚跟后把触角伸到了国外,成为世界级一流品牌。

三一重工取得这些成绩的关键词之一就是并购。这里仅说明一件改变三一重工市场地位的事件——收购普茨迈斯特有限公司(Putzmeister,以下简称"普茨迈斯特")事件。

2012年初,三一重工用33天时间收购了普茨迈斯特,使其国际化进程至少提前五至十年。并购结束后,三一重工从"中国第一大工程机械企业"一跃成为世界级一流企业,占据了混凝土机械领域的制高点。

"一带一路"倡议大力推进,所涉及的国家大量基建工程,使工程机械领域的需求激增,三一重工的优势在于其海外布局与"一带一路"沿线国家具有高重合度。而三一重工也没有放弃这个好机会,借助"一带一路"倡议,大力开发全球化进程,构建了全球化布局的三部曲:销售全球化、生产全球化、资本全球化,从划分海外大区、落实本地化经营、实现多元化合作等多方面构建全球格局。

这个过程中,三一重工收获颇丰。依照工程机械产品出口金额来看,挖掘机近年来出口数量略有升高,与之同时,起重机出口数量稍有降低。挖掘机、装载机、起重机等产品占比保持在26%、28%和29%,这三种产品2016年出口额分别为1.68亿、1.79亿、1.82亿美元，出现了"三足鼎立"之势，余下的产品如压路机等总金额约1亿美元。

三一重工挖掘机出口比例增加，海外收入亦随行业风向变化。参照其他国家同类企业的业务格局，三一重工近年来逐渐加速海外业务的发展，出口方面也展现了三一重工成为挖掘机行业龙头的进程。从2010年到2016年，三一重工挖掘机出口复合增长率（Compound Annual Growth Rate，是描述投资回报率转变成较稳定的投资回报所得的预想值）为40.18%，同阶段中国境内挖掘机出口复合增长率为16.23%，若排除三一重工，这个数值会降到9.56%。

由于基础设施建设工程需求居高不下，2016年挖掘机市场呈现强烈反弹之势，三一重工的挖掘机销量更是实现了41.13%的增长。到2017年第一季度，三一重工的挖掘机销售增速达到138%，力压历史峰值，用三个月的时间完成了接近2015年全年的销售额。

从整体行业来看，三一重工以强大的综合实力取胜，市场份额持续扩大，2017年第一季度就从2016年的20%涨到了22%左右。

三一重工获得巨大收益的同时，中国企业在"一带一路"沿线许多国家进行了新增非金融类直接投资，金额达到29.5亿美元，在同期对外投资总额中占比14.4%，与去年同期相比，增长了5.4个百分点。

在三一重工的成功中，并购和"一带一路"占据了不小的位置，并购是三一重工成功的手段，而"一带一路"给三一重工的进一步发展提供了支持。

第二章
大并购时代，透过历史鉴证当下

当下，中国企业成为全球并购大潮中最亮眼的一颗新星。

在风云变幻的中国并购市场、多种资本中，"保险资金"（以下简称"险资"）犹如一匹黑马，闯入人们的视野之中。

2015年至今，短短的两年多时间里，大量"险资"进入资本市场，无数投资者见证了这场导致资本市场重新洗牌的"险资"大战。其中引来最多人关注的当属宝能系和万科之间的纷争。安邦保险集团股份有限公司（以下简称"安邦保险"）斥资近400亿元人民币加入了"险资"举牌大军，也在2016年年尾将"并购重组"这一话题推上了热门。

也正是因为"险资"举牌上市公司，许多人将其称为资本市场大门口的"野蛮人"。"野蛮人"这个词的来源可以追溯到多年前轰动一时的美国RJR纳贝斯克公司股权之争。当时参与股权争夺的企业共有四个，最终以KKR公司消耗250亿美元夺得RJR纳贝斯克公司的控制权收尾。

换句话说，对于有着超过百年并购历史的世界来说，中国本土斗争激烈的宝能系以及其他"险资"举牌上市公司早已不是什么新鲜事。

那么，世界并购史上究竟有过几次风潮？每一次风潮的特点是什么？涉及了哪些国家？又带来了什么？下面让我们一一解析。

美国并购史上的沉浮

美国的并购风潮大致可以分为五个阶段，第一阶段是1897—1904年，第二阶段是1916—1929年，第三阶段是1965—1969年，第四阶段是1981—1989年，第五阶段是1996—2007年。

在不同阶段，美国并购领域呈现出不同的样貌。

第一阶段：1897—1904年

在这一阶段，美国企业之间主要是横向并购，即两个或多个产品相同或相似似公司之间发生并购。造成这次并购风潮的原因主要包括以下几点：

1.美国经济萧条。

美国于1883年经历了经济大萧条，在此之后，美国经济衰退，多数企业经营业绩不好，甚至入不敷出，只有少数企业有能力支撑下去。这种现状致使部分大公司做出以下判断——行业内规模小、效率低的公司拖垮了整个行业的经营状况。

他们认为借助并购能够扩大规模，并减少同行业之间的竞争，公司业绩自然也会提升。这种情况无疑为企业并购创造了绝佳的条件和动机。许多大公司成立信托公司，利用手中的投票权决定一个公司的并购命运。

2. 企业经营策略。

美国第一次并购风潮产生的深层原因可以归结为企业的规模经济竞争策略。这就不得不提到一种商业现象：通过产品之间的差异化竞争不易导致并购，而规模经济促使并购行为产生。

所谓"产品之间的差异化"，进一步来说，就是公司通过生产质量更好的产品建立自己的品牌，从而在众多竞争对手中占据有利地位。这种竞争形式的好处就是当市场需求量下降时，为了避免降价导致产品形象受损，公司会最大限度保持产品价格不会随之下降，而不是保障产品保持不变。

通常情况下，采用产品差异策略的公司较同类公司更具优势，也因为公司的品牌效应，他们很少与其他同类公司联手。这也导致并购、收购这种现象几乎与此类公司"绝缘"。

规模经济则与之相反。该策略可追溯到19世纪90年代初，公司通过大量生产某种产品获得利益，以高产量刺激市场。利用这种方式获得市场份额的公司需要付出比其他公司更高的成本，而单位产品的成本与产量不成正比，所以许多公司需要满负荷运转，以此保证产量。

当市场达到饱和后，产品必然会降价处理，但这并不是这类公司关注的要点。因为这类公司很少会独立定价，多半是根据整个行业，一旦一家公司降价，整个行业所有公司势必都会降价，否则就无法在市场上立足。这种经营策略注定这类公司之间会很容易发生并购。

3. 交通系统趋于完善。

南北战争时期，美国经济、政治、社会各方面都受到巨大影响。南北战争结束以后，美国各方面都开始复苏，而交通运输方面的大力发展为形成全国市场奠定了物流基础。当时铁路、公路等系统的铺设，让一些大公司成为全国性组织，而非地域性小组织，这无疑增加了各个企业间沟通交流的机会，成为出现第一次并购风潮的诱因。

4.联邦出台的《保护贸易及商业免受非法限制及垄断法》"出师未捷身先死"。

早在1890年，美国就出台了《保护贸易及商业免受非法限制及垄断法》，该法案由约翰·谢尔曼提出，因而有人将其称为《谢尔曼反托拉斯法》。该法案的出现奠定了反托拉斯法的基础，填补了美国联邦在反托拉斯方面的法律空白，也为联邦政府控制、干预经济提供了法律基础。

《保护贸易及商业免受非法限制及垄断法》全文一共八条，对任何个人或单位以各种形式垄断商业贸易的行为做出了说明，同时确定其刑罚范围。尽管这一法则是并购史上的标杆，但是仍有许多不足之处，尤其是措辞方面。诸如贸易、联合、限制等关乎根本的术语阐述不明，让司法解释存在诸多漏洞。除此之外，该法则多次被运用到反对工会组织、镇压工人运动等场合。从1890年到1897年，联邦最高法院依据该法进行了十余场对工会不利的判决。

20世纪早期，美国司法部门精力有限，将《保护贸易及商业免受非法限制及垄断法》的接力棒交到工会手中，致使《保护贸易及商业免受非法限制及垄断法》在那个并购时常发生、本应使其大放异彩的时间段里，几乎成了花瓶一样的摆设，横向并购、行业并购等行为屡见不鲜。

5.公司法不够严密。

当时美国部分州对公司法的要求不再那么严密，使公司能够轻易达到获得资本、掌握其他公司股份、扩大商业运作范围等目的，各项流程的可操作性大大提高。政府这种"睁一只眼，闭一只眼"的态度为第一次并购风潮提供了政策条件。

美国并购史上第一个波峰自1897年开始，在1898—1902年间达到顶峰，于1904年下滑到波谷，历时八年，经历了由低升高再回落的过程。在此期间，美国约发生了3000起并购事件，折合为每年不到400起。其中大部分都是横向并购，也有一部分业界内的合作，产业垄断成为当时的主流。

作为美国金融市场上的第一次并购风潮，它的影响是显而易见的。这场并购风潮几乎席卷了美国所有矿业和制造业，约40%的国家制造资本被囊入其中，至少3000家公司消失在这场风潮中。

美国经济研究局拉尔夫·尼尔森（Ralph Nelson）教授研究称，在这次并购风潮中，有8个行业最为活跃，分别是金属、食品、石化产品、化工、交通设备、金属制造品、机械、煤碳，其并购量甚至达到当时并购总量的70%。

这段历史中有一个超过10亿美元的并购交易产生——J.P.摩根创建的联邦钢铁公司一举拿下了安德鲁·卡内基创办的卡内基钢铁公司等785家独立竞争对手公司。一时间，美国钢铁领域的第一人站了起来——美国钢铁公司出现了。美国钢铁公司占据了美国钢铁产业总产量的四分之三，成为美国钢铁领域当之无愧的龙头企业。

与美国钢铁公司一起崛起的还有杜邦公司、标准石油、通用电气、美国烟草公司、航星国际公司等至今享誉全球的公司。

可惜的是，第一次并购风潮虽然来得快，但是去得也快。

一方面，并购资金问题频发。

1904年，美国股市遇冷，大量股票被抛出，股市一片惨淡；1907年，部分产业的信用危机增加了银行融资风险，美国多家银行倒闭……濒临崩溃的股市和银行系统无异于釜底抽薪，等于变相切断了企业并购的资金来源。

另一方面，并购本身存在问题。

第一次并购风潮其实是横向并购风潮，但多数并购不是以成功告终，许多企业因此失去了并购的念头和信心。

政治上的压力也是导致并购风潮偃旗息鼓的原因。在老罗斯福总统执政的 1901—1908 年，原本毫无作为的《保护贸易及商业免受非法限制及垄断法》再度被开发，且被政府严格执行。这种改变导致原本时常败诉的政府一次次获得诉讼胜利，同时影响了部分公司意图通过大规模收购垄断市场的想法。

上述的种种原因致使第一次并购风潮无声无息地退出历史舞台。

或许今天看来，美国第一次并购风潮引起的反应并不算什么，但是在当时足以引起轰动，因为它拥有颠覆市场甚至是撼动世界的力量。

第一次并购风潮的余波还没有退去，很快，第二次并购风潮席卷而来了。

第二阶段：1916—1929 年

第二次并购风潮始于 1920 年前后的商业活动上升期，终结于 1929 年左右的经济衰退期。

如果一定要说出第一次并购风潮与第二次并购风潮最本质的区别，那么这个区别可能就是并购方向的变化——由横向并购转变为纵向并购。

所谓纵向并购，即生产或经营等阶段上下联系或具有纵向合作关系的企业间发生并购。简单来说，就是不存在直接竞争关系的供需双方企业之间的并购行为，主要目的是纵向扩展其业务。

促成第二次并购风潮的原因有很多，主要有以下几点：

1. 受第一次世界大战影响的美国经济出现复苏。

第一次世界大战期间，全球经济进入衰退期，经济波动频繁导致很多公司无力支撑。随着 1918 年第一次世界大战结束，世界各国加速经济复苏的脚步，美国也不例外。从 1918 年至 1920 年，是一个经济持续增长、复苏的时期，这样的情况为并购风潮的兴起提供了经济条件。

2. 交通体系恢复。

当时美国不仅全力发展经济，也在全力发展交通，尤其是铁路和公路。无论是火车还是汽车，交通工具数量不断提升，使很多产品得以销售到很远的地方，地方性市场逐渐变为全国性市场，对各个公司的沟通和交流产生了良性影响。

3. 信息业飞速发展。

信息传播方式的改变加大了产品推广的力度，成为促使产品融入其他州的催化剂。尤其是广播的发明，如雨后春笋般不断冒出的广播公司以及普及的收音机，使越来越多的人能够第一时间了解最新产品，对建造全国性市场有积极作用。

无论是信息传播方式的改变，还是运输系统趋于完善，这些先决条件都促使企业必须扩大生产，用以满足市场需求。而广告的宣传效果使产品能够占据更大的市场份额，企业因此获得更多利润。这种良性循环促进了公司的发展，也使之产生了并购上下游公司以获得更多利润的念头。

再加上《保护贸易及商业免受非法限制及垄断法》不断完善，美国国会也于1914年通过了该法案的补充法案——《克莱顿法》。在多个法案及各地方工作人员的压力下，反垄断的具体措施愈加细化，防止行业垄断工作达到顶峰，致使美国第二次并购风潮鲜有横向并购，而是以兼并上下游企业的纵向并购为主。

在美国第二次并购风潮中，约有12000家企业被吞并，主要涉及公用事业、采矿业、银行、制造业。此次并购风潮的产物是占据大量市场份额的寡头公司，比如至今活跃的美国通用汽车公司。通用汽车于1918年就已经成为美国最大的汽车公司，但这并不意味着通用汽车停下了并购的脚步，相反，通用汽车多次兼并为其提供零件的公司，形成了以汽车行业上下游业务为环节的产业链。

自第二次并购风潮后，通用汽车成为实力无人比肩的企业。

在通用汽车紧锣密鼓收购上下游企业的同时，美国出现了很多"金字塔式"控股公司。所谓"金字塔式"控股公司，即某家控股公司作为"领导人"，统辖第一层子公司，而位于"领导人"之下的第一层子公司成为第二层子公司的"领导人"，第二层子公司则成为第三层子公司的"领导人"……以此类推。有些企业的金字塔结构甚至可以绵延五六层之多。

这类控股公司还有两个共同点：一是其所有子公司都是上市公司，再不济也得是股份公司；二是所有子公司均由负责管辖它的母公司控股。

这种形式独特的控股公司就是纵向并购的产物，也在一定程度上加快了企业间并购的脚步。因为这种模式具有一定的杠杆效应，能够使某个公司付出最少的金钱控制更多或更大的公司。

因此，美国第一次并购风潮可以称之为垄断巨头的摇篮，而第二次并购风潮无疑是寡头公司的孵化器。

在美国第二次并购风潮中还有一个因素值得关注，那就是融资方式及主导者。

在第一次并购风潮中，这个主导者定义为银行；在第二次并购风潮中，这个主导者换成了投资银行。

从银行到投资银行，不过多了两个字而已，两者所带来的影响究竟有何差距？投资银行之所以能够在第二次并购风潮中占据重要位置，是因为此次并购风潮多通过融资实现，而融资又离不开投资银行这一中间环节。我们甚至可以说部分投资银行决定了并购事件的成败——投资银行极力支持满足其要求或意向的企业，而对于不符合投资银行"胃口"的并购事件，投资银行就会置之不理，任其"自生自灭"。

需要说明的是，当时的投资银行各自有不同的客户，很少有交集和竞争关系，但之后的投资银行之间就没有这么风平浪静了。

通过证券进行融资也是当时并购资金的来源之一。公司的资本结构中充斥着大量债务，等于变相交给投资者一个能够获取大量回报的资本。可凡事都是有利有弊，债务融资也是同样的道理。一旦经济出现衰退，债务融资就会对市场产生冲击。

这一点从美国第二次并购风潮结束可见一斑。1929年，美国股市出现大规模抛出现象，股市危机磨灭了大量投资者和企业对于市场的信心，生产、消费等促进经济发展的环节受到影响，从而导致经济进一步退化。

这次股市危机也成为压垮第二次并购风潮的大山。自此以后，公司之间的并购事件大规模减少，大部分公司将目光从扩张转移到了自保，即保障公司在市场需求下降的同时仍能够存活下去。

浩浩荡荡的纵向并购风潮就在一系列打击下灰飞烟灭了。

或许此次并购风潮的结束影响到了美国部分企业的观念，也或许受到其他因素的影响，从第一次并购风潮到第二次并购风潮，中间间隔不过12年，而从第二次并购风潮到第三次并购风潮，中间隔了整整36年。

第三阶段：1965—1969年

美国第三次并购风潮发生于20世纪60年代后半期，起于1965年，止于1969年。与前两次并购风潮不同，第三次并购风潮并非采用单纯的横向并购或纵向并购，而是以混合并购为主，因此并未影响行业集中度。

混合并购是指某个企业对与自己业务既不相似或相同，又不相关或相连，即无论是横向或者纵向都没有任何关系的企业进行的吞并行为。

简单来讲，并购企业与被并购企业分别从事不同的领域，且二者之间没有竞争关系，不存在谁的产品会被谁替代的问题，同时也没有上下游合作关系，符合这一要求的并购行为就是混合并购。

第三次并购风潮的诱因大致包括以下几点：

1. 这一时期各种科技飞速发展。

1965年到1969年恰好是美国经历第二次世界大战后的经济复苏期，在这一时期，各种科技飞速发展，包括电子计算机、激光、核能、航空……诸多新科技的兴起推动了生产力发展，这也是战后美国首个最长的经济大繁荣时期。生产力不断提升、经济复苏势头迅猛，这些客观存在的自然条件为第三次并购风潮埋下了伏笔。

2. "布雷顿森林货币体系"的积极影响。

布雷顿森林货币体系（Bretton Woods System）即第二次世界大战后围绕美元建立的国际货币体系。该体系的出现可追溯到1944年的联合国国际货币金融会议，由于此次会议选择美国新罕布什尔州布雷顿森林作为召开地点，所以此次会议通过的各项协定，再加上关税总协定，被统称为"布雷顿森林货币体系"。

"布雷顿森林货币体系"的建立对战后资本主义世界经济复苏产生了积极影响，同时形成了以美元为纽带的双向链条式汇率制度，即美元与各成员国货币和黄金相关联。这种体系大大加强了汇率的稳定性。

一方面是科技不断进步，一方面是经济大力复苏，这样的环境促使许多公司再度产生了并购其他公司的念头，第三次并购风潮由此悄然展开。

值得一提的是，第三次并购风潮发生的时期恰好是《保护贸易及商业免受非法限制及垄断法》严格执行、反垄断呼声最高的时候，所以当时横向并购和纵向并购的数量都受到影响，以至于混合收购成为主流。

混合并购能够帮助企业实现多元化经营，不必将所有的关注点放在同一款产品或同一种服务上，也不必一定要做到行业顶尖的地位，通过生产不同系列的产品或者不同的服务获得广阔的市场。所以，混合并购风潮中很多企业实现了多元化经营。所谓多元化经营，即同一家企业能够同时生产经营不同种类、用途的产品，在数个不同且互不关联的领域与相应的对

第二章
大并购时代，透过历史鉴证当下

手展开竞争。但混合并购自诞生之日起就颇受争议，直至今天，混合并购及其衍生物的利弊尚未有定论。

虽然很多人持质疑态度，但并没有改变混合型并购的影响力。在第三次并购风潮期间，约发生了6000件并购事件，有25000余家公司消失在这次并购风潮中，许多综合性公司，像LTV公司、美国国际电话电报公司，都是在这一阶段形成的。

大多数人认为，综合型公司大规模出现的原因除了上述法律方面外，还有一个原因是当时管理学科的空前发展，诸多大学的商学院飞速扩张。这种现象导致当时的人们产生了这样的念头：一旦找到训练有素的管理人才，就能够所向披靡，无论是管理跨行业的公司，还是管理一家跨国企业都不是问题。

3.股票交易飞速发展。

20世纪60年代，牛市的股票价格飙升，许多投资者将目光放到了成长性股票上。躲在暗处的收购方很快察觉，通过股票融资完成收购，是一种在满足不付出额外资本的前提下实现每股收益提升的理想方式。

因为以股票交易作为融资方式可以免去纳税这一环节，这是股票收购与现金收购最明显的优势。发现了这一窍门的公司着手操作市盈率游戏，在一定程度上，市盈率决定了股票价格的高低。20世纪60年代的牛市上，多数股票的市盈率都不低，这也说明投资者对所投资的公司盈利能力持乐观态度。

第三次并购风潮与前两次并购风潮的另一个不同体现在收购公司与被收购公司的规模上。在之前的两次并购风潮中，多数被并购的公司规模不及并购公司，而第三次并购风潮中规模较小的公司居然有资本收购大公司。所以第三次并购风潮产生了很多具有历史性意义的并购项目，同时开启了敌意收购（hostile takeover）的时代。

敌意收购，也被称为恶意收购，即有意向进行收购行为的公司未获得目标公司管理层认可，在不考虑对方是否能够接受被收购的前提下，自顾自地对该公司进行收购行为。在这一过程中，收购一方会通过各种手段完成收购行为，并希望借此得到公司的实际控股权。

此种情况下，被收购公司必然不乐意被收购，会通过种种方式反抗收购公司的行为，收购公司也会加大收购的力度，从而使这两者之间产生你来我往的对抗。如果目标公司的股票流通量不足以吸纳社会上的资本，那么收购行为很难完成。

轰轰烈烈的收购行为终于因为几部法案的问世走到了尽头。1934年《证券法》的修正案"威廉姆斯法"于1968年问世，该法案对敌意收购和股权收购做出了相应限制；1969年，税制改革法案结束了"低利率转换债券为并购融资"的时代，要求计算每股收益时，债权与普通股没有差别。如此一来，计算每股收益时，普通股的数量增加了，每股收益却没有增加。

1969年股市回落，市盈率游戏几乎中断，也给第三次并购风潮的结束施加了压力。

终于，在种种压力的胁迫下，第三次并购风潮走向了终点。

12年后，并购的风潮再一次吹了回来，只是这一次，并购风潮显然换了另一种姿态，这就是美国并购史上的第四次并购风潮。

第四阶段：1981—1989年

美国第四次并购风潮始于1981年，止于1989年。在这一次并购风潮中，受影响最大的领域分别是石油、石化、医药和医疗设备、航空和银行业。

在第四次并购风潮中，杠杆并购作为全新的关键词出现在大众视野中。

杠杆并购也被称为融资并购,是一种企业实现并购的手段。所谓杠杆并购,即收购方利用被收购方的资产做抵押,并以此获得资本完成收购。

通常情况下,杠杆并购的主要部分是专业金融公司,其收购目的是通过少量的资金买下公司,通过一系列的手段使其市值提升,借助财务杠杆的力量获得更高的投资收益。在此过程中,投资公司所出的钱不过一小部分,大部分资金来自于银行或其他机构以借款、抵押等形式提供的资金,被收购公司的资产及收益会被用作担保,同时需要承担这笔借款的还款事宜。

由于资金来源和运用的不同,杠杆并购也可以分为风险杠杆并购与一般杠杆并购。两者之间的不同在于,风险杠杆并购的资金并非来自银行,而是来自风险投资,而一般杠杆并购多以银行贷款为资金来源。关于资金运用,风险杠杆并购的资金多半用于具有潜在市场的风险企业,一般杠杆并购则与之相反。

在国外,常以被收购公司发行垃圾债券,重新构建一个股权集中、财务结构具有杠杆性的公司,以此完成杠杆并购。在中国,垃圾债券并没有引起轰动,这种形式尚不多见,收购公司多半用被收购公司的资本作为抵押,向银行借贷以完成收购。

美国第四次并购风潮也不是空穴来风,而是在诸多因素机缘巧合下造成的。这些因素包括:

1. 政策层面的因素。

20世纪50年代到60年代,美国联邦所得税率和资本收益税率呈现极大的差异化,联邦所得税率比较高,而资本收益税率则较低,这种现象导致股票市场出现积极迈进的态势。

在20世纪70年代后,美国调整了税率。调整后,所得税率将为50%,资本收益税率上限升至35%。两种税率之间的差距骤然减小,原本不断发展的股票交易市场瞬间停滞，许多股票只能以低于公司账面的价格抛售，股票上市和发行等方面也受到波及。与之同时，通货膨胀再加上人们对未来经济现状的预估，借债融资的门槛更低，企业多以借债融资。

1981年，《经济复兴税法》的出台让职工持股成为潮流趋势。职工持股，对于职工来说也算是一种鼓励，即通过让职工购买公司股份，使职工和公司的利益相挂钩，增强职工主人翁意识。职工能够通过银行贷款进行持股，在偿还本金和利息时也可以享受优惠。职工控股能够实现公司利益最大化。

《经济复兴税法》的出现使企业能够加速折旧新进购的旧资产以及全新资产，这对企业来说是一个各方面占优势的收购时期。所谓加速折旧，即根据税法规定可以采取缩短折旧年限、提高折旧率的方法，最终减少部分所得税。对于企业来说，这项政策不仅能够使其少缴纳部分所得税，还能够对公司竞争力和融资力产生积极影响。

另外，并购需要大量的资金，金融机构贷款是重要的资金来源之一。在20世纪70年代后期，政府对金融机构的管制不严，金融机构间竞争愈演愈烈，金融机构获得资金的成本越来越高，寻找放款渠道成为银行和其他金融机构不得不做的事情。

这一时期，只有少数保险公司能够作为杠杆并购的资金来源，在此之后，许多金融机构专门设立了关于并购的部门，为企业间的并购行为提供了便捷的资金条件。

2. 经济扩张期的背景因素。

第四次并购风潮发生于20世纪80年代，美国经济在这一时间段内迎来一个持续增长的时期，这也是战后美国最长的经济扩张期。许多公司以收购股票的方式加速兼并，为第四次并购风潮创造了经济条件。

3. 通货膨胀因素。

在第四次并购风潮期间，美国正好处于通货膨胀时期，这一现状对经济活动造成了很大影响。通货膨胀与公司市值直接挂钩，使公司资产账面价值高于历史成本。再者，由于债务的利息都是提前确定、不可变更的，即便物价上涨、货币"不值钱"也不会有所提升，在通货膨胀之前或前期借债，反而能够获得通货膨胀带来的部分利益，减轻企业需要承担的债务。

4. 投资银行的因素。

投资银行对杠杆并购造成了积极影响，在此时期，并购项目为投资银行带来了大量的风险咨询费，投资银行的这项收入堪称史无前例。许多新鲜事物也在这一阶段诞生，比如并购方面专家们设计出的、针对主动并购和防御并购的技术以及策略。这些新事物受到许多有意向收购的企业或要被收购的企业认可，也是导致杠杆并购盛行的直接因素。

政策层面的改变、经济扩张期、通货膨胀等因素促进了第四次并购风潮，同时也奠定了第四次并购风潮以杠杆并购为主的基础。

除了加速杠杆并购的发展外，第四次并购风潮也打开了通往新世界的大门——跨国并购。在20世纪80年代，随着互联网等新技术的发展，国际化进程越来越快，美国的第四次并购风潮中有一些美国本地企业并购国外企业的案例，也有国外企业并购美国本地企业的案例。1987年，英国石油公司斥资78亿美元将美国标准石油收入囊中，这也是美国第四次并购风潮中的一个经典案例。

跨国并购的案例彻底打破了并购领域的地域隔断，为第五次并购风潮打下了基础。

在20世纪80年代末，持续了几年的经济扩张期走向衰退阶段。到了90年代，美国经济进入相对萧条的时刻。许多杠杆并购由于经济下滑而胎死腹中，再加上杠杆并购融资的"靠山"垃圾债券市场崩盘，双重压力导致第四次并购风潮走向覆灭。

第五阶段：1996—2007年

美国第五次并购风潮是其一百多年并购史上最大的一次并购风潮，于1996年开始，到2007年结束。在此期间，美国发生的并购案不计其数，仅1996—2000年期间发生的并购案就超过40000件，在众多因素的激励下，人们对于并购的热情大大提高。

在这一时期，企业并购事件多为第四次并购风潮兴起的跨国并购。跨国并购，即某国企业出于某种目的或想法，利用一系列手段将其他国家的某个企业足以支撑起运营的资产或股份购买下来，成为影响该企业经营管理活动或直接决定该企业经营管理活动的实际操纵者。

第五次并购风潮的出现其实与整体经济的形势有十分紧密的关系。技术革命、经济全球化、政策因素、企业规模扩张、创新意识……这些各种各样的原因促成了第五次并购风潮。

在这一时期，全球化进程加速，越来越多的企业不甘限于一隅，纷纷开始走国际化道路，抓住大洋彼岸的市场同样重要。另外，当时冷战格局走向尾声，大国之间的关系开始回暖，美国的经济形势经过几次波动后回归平衡。越来越多的国际交流，再加上经济上的繁荣促使股价飙升，投资者和公司都意识到能够从中获利，各种各样的原因为第五次并购风潮的跨国并购提供了客观的促成因素。

尽管跨国并购可以说是时代的大势所趋，但是最初的时候，跨国并购只是许多发达国家的"专利"，很少有跨国并购事件发生在发展中国家。在经过一段时间的发展后，发展中国家的经济获得增长，跨国并购事件在发展中国家发生的概率明显大了许多。

1995年至1999年的四年间，约有九成的跨国并购发生在发达国家，对于发展中国家来说，跨国并购似乎是一件不可能的事情。这段时期以后，发展中国家似乎受了"刺激"，并购案的数量和资金持续攀升。

1987年流入发展中国家的FDI（Foreign Direct Investment，即外商直接投资）中，并购额占比仅不到十分之一，到了1999年，流入发展中国家的并购额已经占据了FDI的三分之一。不仅是并购额在FDI中的占比得到了提升，发展中国家参与并购的程度也越来越高，这种并购也不全然发生在两个发展中国家之间，一些发展中国家的企业开始将手伸向发达国家的企业，以并购发达国家企业的方式进驻发达国家市场。

在这件事情上，数据很能说明问题，1987年以发展中国家企业为并购方的跨国并购额为30亿美元，到了1999年，这个数字升到了410亿美元，翻了数倍。这个数据也从侧面证明了发展中国家的发展之迅速，以及跨国并购已成不可阻挡的时代趋势。

与国内并购相比，跨国并购由于涉及的层面更加广泛，所以相对而言也更复杂一些，根据不同的分类方式能够分为不同的类别。

比如，以并购双方的行业关系为分类依据，跨国并购可分为三类，即横向跨国并购、纵向跨国并购、混合型跨国并购。

横向跨国并购即处于同行业、同领域，但不同国家的两个或多个企业之间产生并购行为。并购的主要目的是扩大国际市场，提升企业的国际影响力和竞争力，乃至成为世界级、具有垄断地位的企业，以"垄断"获得更高的利润。在此类并购案例中，由于并购方和被并购方处于同一领域，两者之间拥有相似的行业背景和产品，所以很容易实现并购，且并购后很快就能够实现整合。基于横向跨国并购此种特性，多数跨国并购都属于此类。

纵向跨国并购指不同行业、不同国家或者同领域、不同产品、不同国家的两个或多个企业之间发生的并购行为。此类并购案发生的原因多是企业想要扩大或保障供货源或上下游环节，包括销售渠道、原材料等，以此阻隔对手原材料供给或产品销售，从而进一步掌握市场。在此类并购案中，并购双方多为上下游相关的企业，对彼此的情况均有所了解，后期整合并不需要十分费力。

混合型跨国并购与前两者不同，位于不同国家的并购双方或多方并非同一领域或关联领域的企业，而是毫不相关的企业之间的并购行为。混合型跨国并购主要是为了完成企业多元化战略，实现企业全球化发展，同时还能够减少经营单一的风险，增加企业在逆境中的成活率以及企业整体的国际竞争力。

第五次并购风潮发生于20世纪90年代后期，当时的时代背景是国际环境日益变化，对于一些国际性的大公司来讲，多元化经营并非其根本目的和最终目标，强化核心竞争力、加速全球化进程成为国际性企业的关注点。

在时代大背景下，跨国公司之间以战略扩张为中心的横向并购事件不断提高，并购案中涉及的金额也日益攀升，这使横向跨国并购成为跨国并购中占比最大的方式。在同一时期，与横向跨国并购比例不断上升形成鲜明对比的是，混合型跨国并购所占比例不断下降。

除了以并购双方的行业关系为分类依据外，还可以根据并购双方是否接触来进行分类，分为直接并购和间接并购。

直接并购比较"私人化"，需要并购方根据自己的战略需求向被收购方提出收购请求，或者被收购方由于经营不善等原因无法继续经营下去，因而向收购方提出转让请求，最终经过双方协商达成转让公司所有权的协议，完成并购。

间接并购则要简单很多，并购方不需要向被并购方提出并购请求，只需要通过证券市场购买被收购方的股票，以此得到被并购方的控制权。与直接并购相比，间接并购更容易受到法律等因素的制约，失败的概率也相对较大。目前大多数并购都是这类并购。

在第五次并购风潮中，跨国并购主要涉及电信、金融、汽车、医药、传媒及互联网等领域，而新兴行业与传统行业的相融也是此次并购风潮的特点之一。电信、汽车、医药、化工、石油天然气、银行等领域门槛高，而且其资产只能用于某些用途才能凸显价值，限制性较大。

同时，知识经济飞速发展，传统行业与新兴行业之间的融合开始加速。传统行业需要新兴产业作为实现企业转型的调班，而新兴行业也需要传统行业作为基石，两者相互融合也是必然的。AOL 与时代华纳、盈动数码与香港电讯等并购案也说明了这一点。

这次并购风潮的另一个特点是并购案涉及金额巨大，是很多强强联合的组合。在这一时期，许多震惊全球的并购案发生，许多并购案动辄花费上百亿、上千亿美元，而且并购双方多是某领域的巨头型企业。这种耗费大量资金的并购案对部分领域原有结构造成了巨大冲击，许多行业纷纷面临重新洗牌的危机，在这个过程中，市场的再度瓜分创造了更大规模并购的条件。

第五次并购风潮是在经济全球化的基础下产生的，其跨国并购的方式也加速了经济全球化的进程，同时也是跨国公司保持有力竞争地位的投资方式。这次并购风潮呈现了许多前所未有的东西，也带来了深远的影响。这种影响不仅仅有正面的，也有负面的。

正面影响包括加速生产和技术创新国际化和全球化进程、资源配置效率升高、促进国与国之间的资金流动率、加大资金竞争力、扩大国际贸易等。

负面影响则包括导致世界性资本集中、造成许多垄断市场的企业、挑战了反垄断法和一些管理制度、促使经济的天平倾向于某一端、引发泡沫风险等。

第五次并购风潮也和前几次并购风潮一样，没能逃脱结束的命运。除了上述负面影响对第五次并购风潮的冲击外，还有一些原因导致这次并购风潮的破碎。

1. 敌意收购和企业垄断引起的不满。

如同第一次并购风潮一样，反垄断的呼声一直没有停止，反而越来越大。由于越来越多的研究表明，竞争力的降低促使经济低增长，在第五次并购风潮的后期，许多并购行为胎死腹中，严重打击了企业并购的积极性。

2. 全球化进程减速。

全球化度过了飞速发展的时期，开始走向平稳期，很多有条件的企业已经实现了跨国并购，想要跨国并购的企业数量减少。

到这里，美国并购史上的并购浪潮算是告一段落。自20世纪初到现在，美国并购史发展了近百年，期间先后经历了五次并购风潮，每一次并购风潮都加速了美国的经济发展，也加快了美国经济结构调整的步伐，使美国各方面都实现了质的飞跃。

尽管这五次并购风潮已经成为过去式，但是它所产生的影响并没有就此结束，中国的并购史其实也受到其影响。

中国并购史上的沧桑

中国经济一直突飞猛进，市场规模不断扩大，经济形势越来越好，并购成为众多企业实现战略升级和发展的手段。

上面我们说到，从19世纪末到今天，美国已经有着一百多年的并购史，期间经历了五次显著的并购风潮。从五次并购风潮分析可以看出，科技革命是其最大的动力，而从传统行业到新兴行业，不仅仅是行业形势的改变，人们的投资理念也在发生变化，从最初的发现价值到挖掘价值，再到再造价值。时间的推进改变了行业的发展模式，使企业并购的规模逐步扩大，企业并购后的生命力和活跃度也说明了其对于资源配置的重要性。

到今天，中国并购史也发展了几十年，虽然没有美国并购史的时间长，但期间也产生了数次并购风潮。每一次并购风潮都会引起不同的效应，比如前两次并购风潮实现了优化资源配置的效果，第三次并购风潮则造成了强强联合、优势互补的效应。

第一阶段：1984—1989年

中国并购史其实比我们想象的要长很多，尽管从中华人民共和国成立之前就能看到并购的影子，但在1949年之前，并没有出现大规模的并购风潮。

1949年前后和1959年前后，这段时间里中国施行了较为特殊的财产重组，也就是通过对公有生意的制约及革新，实现私有经济合并的运动。随后，20世纪60年代初到70年代末，并没有真正意义上的企业并购大环境出现。这种现象一直维持到20世纪80年代初，经济制度发生变化，作为财产权进行交易的并购活动才冒出嫩芽。

改革开放以来，市场经济的重要性得以突显，产权关系进一步明确，企业改革力度加强，越来越多的人意识到有必要优化资源配置，人们谈论起企业并购也不再像以前一样认为其是"洪水猛兽"。这种思想观念的转变为并购风潮的萌芽提供了温床。

中国企业间现代意义上的并购活动出现于1984年，由此开启了中国第一次并购风潮。当时中国企业间承包、出租运营等形式被广泛推广，河北省保定市和湖北省武汉市率先点亮了并购的火焰。

1984年夏季完成了中国改革开放以来的第一起并购活动。以河北省保定市锅炉厂以承债式兼并保定市风机厂为开端,到1984年年底,已经有四家持续亏损的企业被收购。

在这一时期,中国企业间的并购活动主要是经营良好的大中型企业收购经营状况不好的小型企业,也就是将收益低、无法占据市场的企业的所有权有偿转让给收益高、能够占据市场的企业。

自此以后约三年的时间里,保定市促成了十余家企业的并购活动。当时被兼并的企业有一个共同特征:无法获得市场。这些企业要么是经营有问题、常年亏损,要么是技术能力低下、竞争力弱。

发生于武汉市的30多起并购活动中,约有九成属于此种情况,而发生在保定市的十余起并购统统属于此种情况。这一现象也变相说明了当时企业并购的手段比较单一,很难做到小企业吞并大企业。

1986年后半年开始,企业并购的火焰蔓延到了其他城市,北京、沈阳、重庆、郑州、南京、无锡、成都、深圳、洛阳……地图上能够看到的大大小小的城市相继出现了并购活动。在中国第一次并购风潮期间,有将近7000家企业被合并,涉及资产80多亿元人民币,有4000多家亏损企业获得重生。

1988年3月份,中华人民共和国第七届全国人民代表大会第一次会议上明确提出两点深化企业改革的措施:"鼓励企业承包企业,企业租赁企业"和"实行企业产权有条件的有偿转让"。这两项措施的提出为并购风潮提供了政治背景。

这一时期的企业并购有一个特性,那就是"一对一"的兼并,由于涉及的层面较窄,不论是决定还是运作流程都不复杂。当时企业并购的目的也相对单纯,即政府发力让亏损企业消失,但这或许不能看作是真正的完全市场行为。

第一次并购风潮的另一个特征是并购活动集中围绕于公有企业和群体企业，各地方政府也在间接参与或者干涉了企业的并购活动，企业并购并不集中于外地域之间。该时代的并购也有着横向并购的本质，也就是并购与被并购企业属同类企业。由于当时并购活动多发生于产权不太清晰的情况下，很多标准都不够完善，主要依靠企业的自觉和政府干涉。

这种政府干涉的整体风格也导致了"救援型并购"的出现，即中国企业案"政府拆散、干涉"等情况较为显著，企业并购重组并不主要是为了处理盈余成绩。这种现象出现的原因是不考虑企业详细状况，只是一味希望有能力的企业帮助能力低的企业，在很长一段时间内中国企业并购重组的次要效果就是它。这种并购重组会产生对于企业破产的代替机制，导致原本的优势企业非但没能涅槃重生，劣势企业也会因此垮台。

同时，并购重组能够实现资源配置最优。很多中国公有企业会有反复建立、资源糜费等情况。经过并购重组，减少公有企业资源优化配置，进而使整个经济构造得到优化处理。这也是政府推进的企业并购重组的"隐形效果"。

另外，中国经济转型期企业并购的另一个作用就是获取廉价财产。1987年到1989年的几年间，中国并购重组的企业约八成目的是得到被并购企业的重价田地。如果是跨领域的并购重组，则绝对是看中了对方的重价田地。在20世纪80年代，盈余企业受到打压，在并购重组过程中时常有"财产合算粗账，效益合算大账"的做法，导致被并购企业估价往往比实际价格更低的现象，许多被并购企业甚至并没有将财产计价。这样的时代背景导致囤积型并购风行一时。

享受优越制度也是那个年代的产物。并购重组后可以得到减税、免役、政府财政津贴等好处。这也是当时中国企业并购重组的主要作用之一。

这种形式的并购经常出现在民营企业对盈余公有企业的并购上。从制度上看，政府对这两类企业的看法是不一致的，民营企业之所以采取这种方式并购，是为了得到原本只有公有企业才能得到的特别资源。这也是中国特殊的经济体制下独创的一种并购景象。

虽然第一次并购风潮打开了中国企业通往新世纪的大门，但是由于其中有许多东西都不成型，间接导致了第一次并购风潮的平息。

第二阶段：1992—1998年

与外国并购风潮的更迭速度相比，中国并购风潮的更迭速度更快。中国第一次并购风潮结束不到三年，第二次并购风潮便开始涌现。

20世纪90年代初期，上海证券交易所和深圳证券交易所成立，这两个机构的建立撑起了中国证券市场的大厦。一时间，许多公司选择上市，经济交易量也获得明显提升，为企业并购重组从"不自觉行为"转变为"自觉行为"奠定了基础。股份制、证券市场等产物的升级转变，使"公司A以购买公司B定量股票的方式获得公司B的控制权"这种行为成为可能。

一方面，中国企业股份制改革试点工作持续进行；另一方面，证券市场初现雏形，企业并购重组的浪潮开始显现。

中国第二次并购风潮起始于1992年的邓小平南巡讲话。中国政府夯实了市场经济改革方向，明晰产权关系、加快产权流动和重组等举措势在必行，中国企业改革的核心部分也包括产权改革。当时地方对市面经济建制变革指标已经认可，各地纷纷鼓励同时实行束缚机制，在双重压力之下，第二次并购风潮悄然兴起。

1992年，建立社会主义市场经济体制成为全国目标，中共十四届三中全会通过的《中共中央关于建立社会主义市场经济体制若干问题的决定》

第二章
大并购时代，透过历史鉴证当下

指出，要"进一步转换国有企业经营机制，建立适应市场经济要求，产权清晰、权责明确、政企分开、管理科学的现代企业制度；建立全国统一开放的市场体系，实现城乡市场紧密结合，国内市场与国际市场相互衔接，促进资源的优化配置；转变政府管理经济的职能，建立以间接手段为主的完善的宏观调控体系，保证国民经济的健康运行"。

社会主义市场经济体制初步确立，与国有企业构建现代企业制度的步调一致，国有企业在实施并购重组时开始将目光放在扩大规模、追求利润上，并购重组方面的思维与方式都发生了很大变化。也就是在1992年开始，第二次并购风潮浮出水面。

1992年，仅北京地区合并的企业就将近70家。1992年后，中国实际利用外商投资总额持续上升，不但投资规模、技术水平等发展迅速，也有部分外资通过购买企业整体或部分股权并购中国企业，且力度不断增加，在轮胎、医药、啤酒等领域，出现了大规模外资收购事件。

1993年9月，中国上市并购战开始上演，事情的"导火索"是深圳"宝延风波"。1993年，深圳宝安集团（即现今的中国宝安集团股份有限公司）在二级市场（上海证券交易所）以购买股票的方式举牌上海延中实业，顺利成为上海延中实业的股东之一，并掌握了其将近17%的股份，成功点起了中国上市公司并购重组的第一把火，这起事件史称"宝延风波"。而后发生了万科收购上海申华电工等一系列让人措手不及的并购事情。

政策方面也开始回应加快企业并购重组发展。1993年11月14日，中国共产党第十四届中央委员会第三次全体会议通过了《中共中央关于建立社会主义市场经济体制若干问题的决定》，并指出："坚持以公有制为主体、多种经济成分共同发展的方针。在积极促进国有经济和集体经济发展的同时，鼓励个体、私营、外资经济发展，并依法加强管理。随着产权的流动和重组，财产混合所有的经济单位越来越多，将会形成新的财产所有结构。

就全国来说，公有制在国民经济中应占主体地位，有的地方、有的产业可以有所差别。公有制的主体地位主要体现在国家和集体所有的资产在社会总资产中占优势，国有经济控制国民经济命脉及其对经济发展的主导作用等方面……"

1994年，中国出现了超过20个产权交易市场，企业能够以产权交易市场为纽带，通过实物交易的方式进行部分或全部财产权益交易。

与第一次并购风潮不同，第二次并购风潮出现于中国证券市面初具规模之时。时代背景的差异造就了不同的特性：企业并购重组的领域和范围进一步发展，打破了地域制约，并购重组开始向多种一切制、跨地域的领域发展，出现了许多重型兼并和收买，企业之间的竞争压力加大；财产权转让也呈现出多样化，经济公司股权收买从高位走下来，境外企业也开始积极参加国际企业并购，承当指标企业债权式的并购案例持续占据六成左右。

这一时期的另一个标志是企业并购重组的事件增加，其中最活跃的城市是保定市和武汉市。1992—1997年，保定市并购事件40起，武汉市并购事件涉及超过300家企业。与此同时，中国企业500强中也有企业出现并购。这一阶段可以说是中国企业并购的井喷时期。

中国石化金陵石油化工公司、中国石化扬子石油化工公司、仪征化纤集团公司、南京化学工业集团有限公司四家企业及江苏省石油集团有限公司共同组建了中国东联石化集团有限责任公司（以下简称"中国东联石化"）。在中国东联石化的建立过程中，各相关企业及单位在资产重组、资本经营两方面做了有益尝试，改变了以往"强弱合并"的老旧模式，也证明了优势企业、大中型企业等"强企"之间的并购能带来更广的发展空间。这也意味着，改变亏损不再是中国企业并购重组的唯一目标，并购的意义转变为优势互补，并借此完善产业链。

中国并购重组市场的飞速发展为不少中国企业提供了转型升级的全新渠道，但膨胀式发展的弊端也开始凸显。随着上市公司并购重组规模逐步变大，并购重组的形式也翻了许多花样，不少企业只是简单照搬成熟资本市场上的重组模式，而不去考虑中国资本市场的真实情况。再加上中国并没有相关完善的法律框架及实施细则，上市公司并购重组过程中开始显现暗箱操作问题，部分企业信息披露不够透明，甚至有企业进行"虚假重组"。这种现象导致不少中小股东的利益受损，企业并购重组所产生的效率几乎为零。

针对并购重组中出现的种种问题，中国政府于2001年开始逐步加大对并购市场的监管力度，先后颁布了一系列法律性文件，肃清中国企业并购重组的市场环境，同时为中国并购重组领域打造一个更广阔的市场环境：2001年12月10日，中国证监会发布《关于上市公司重大购买、出售、置换资产若干问题的通知》，期望通过该通知规范上市公司的并购行为；2002年10月8日，证监会发布了《上市公司收购管理办法》和《上市公司股东持股变动信息披露管理办法》，成为当时最详尽、最完善的针对中国上市公司并购重组行为一系列问题的法律法规，辅之以《中华人民共和国证券法》和《中华人民共和国公司法》等相关法律法规，中国已经形成了一个相对完善的上市公司并购重组的法律框架；2002年11月，中国证监会、中国财政部、国家经济贸易委员会联合发布了《关于向外商转让上市公司国有股和法人股有关问题的通知》和《合格境外机构投资者境内证券投资管理暂行办法》，这两个文件的公布为境外投资者参与中国并购重组市场提供了依据。发展到当时，中国的并购重组市场初步完成了和国际市场接轨。

但在中国并购市场与国际市场接轨之前，第二次并购风潮已经悄然走出历史的框架之外。

第三阶段：2000年至今

如果说中国第一次并购风潮纯粹是一次试探和摸索，第二次并购风潮完善了中国境内的并购市场以及法律条框，那么第三次并购风潮就开始走上了世界性扩张之路。

20世纪末21世纪初，中国企业发展趋于成熟，再加上2001年中国加入世界贸易组织，加大了与国际企业接轨的力度，中国企业第三次并购风潮浮现端倪。第三次并购风潮出现时，中国正在实施国有经济结构战略性调整，同时相关部门发布了一系列鼓励并购的政策，企业并购从各个方面更进一步。这次并购风潮中国际企业间的并购重组成为亮点。为了增强国际化竞争能力，中国企业跨国并购规模由小到大、由少到多，被并购的企业规模也由弱到强，中国企业逐步成长为全球跨国并购家族中的不可或缺的一部分。

与此前两次并购风潮相比，第三次并购风潮出现了明显的变化：在这次并购风潮中"强吞弱、大吃小"的并购模式并没有占据制高点，多数企业并购重组都是强强连手，并购重组的过程中不再具有"扶贫"意味，转变为企业的临时停滞策略；这一时期中国刚好正在实施国有经济结构战略性调整，因此国有企业是此次并购风潮中的重要组成部分。在此次并购风潮中，政府逐渐放弃了"牵线搭桥"的工作，完全由企业之间通过自由的方式搭建并购重组的桥梁。

中国企业发展趋于成熟，以及2001年中国加入世界贸易组织，再加上政府不再干预企业间的并购重组，企业间并购重组多出于自身期望和市面环境等因素考虑，因此第三次并购风潮显现出与之前不同的两种效果：

强强结合，资源互补。第三次并购风潮中，企业开始摒弃"以强带弱"的并购模式，而是转向强强联合，尤其是在高技能的交换和竞争方面，构成明显的资料互补效应。通过种种改变，改善企业之前的运营条件和运营环境，增加消费范围，加大市场占有率，占据有利位置，获得市场优势。

优化重组，增加企业之间的合作力。加入世界贸易组织后，中国企业面临更加广阔，同时竞争也更加激烈的市场，经过企业间的并购重组，不但能够减少竞争对手，还能够获得竞争对手的优势资源，包括科研成果、经营模式等，实现资源优化配置，从而实现资源优势互补。

通过对中国前后三次并购风潮的研究，我们可以发现，中国企业并购重组与国外有着一些差异。

发生在美国的五次并购风潮催生了一些巨型、超巨型及跨国公司，对于企业而言，通过并购重组获得了经济实力疾速扩张，对于财务构造起到了推进作用，同时优化了资源配置，对企业经济效益具有明显的进步意义。

反观中国企业的三次并购风潮，无论是动因、成效、参与个体还是股东权利保障水平等各方面都与国外有所差距。国际企业并购过程常掺杂着感性的东西，许多企业并购到了最后难以收手，也无法体现并购的真正价值，对中国利润经营的历程造成阻碍。

2006年，《关于外国投资者并购境内企业的规定》正式实施，对境外投资者投资的具体程序做出详细规定，保护了正常的市场行为。跨国并购并不是单行道，早在此规定提出之前，中国企业已经开始通过"走出去"实施国际化经营战略。

早在2005年，当时中国最大的工程机械制造企业——徐州工程机械集团有限公司（以下简称"徐州工程集团"）就已经迈出了走向国外的第一步，徐州工程集团迈向的终点是国际投资机构美国凯雷投资集团。这一历时许久的并购案直到2008年才尘埃落定，虽然徐州工程集团未能顺利一步迈进跨国并购的大门，但也引起了中国并购市场上关于并购重组的讨论。同时，这次并购案也引起了国内外关于产业经济安全的讨论，并达成了关于规范外资并购体系的共识。

在中国企业跨国并购的实际案例中,侧重点应该放在资源整合以及文化差异两方面。虽然中国企业在并购重组的道路上经历了许多挫折,但不可否认的是,中国企业成长的主要方式之一仍包括并购。

从买方行为的角度考虑,中国企业跨境并购可以分为四种模式:供求关系型、产业转移型、外引内联型、服务管理型。

供求关系型。供求关系即以商品经济为背景,商品的供给和需求之间存在一定关系,这种关系可以是相互关联,也可以是相互制约,这也体现了生产和消费间的内在联系以及市场反应。

通常情况下,供求关系可以分为三种:

1. 供不应求。

所谓供不应求,指的是在某段时间内,生产部门生产的产品和市面上流通的产品不足以满足消费者的需求,也就是市场向消费者供给的产品总额低于消费者的需求总额。在这种情况下,卖方将会占据有利地位。

2. 供大于求。

所谓供大于求,指的是在某段时间内,生产部门生产的产品和市面上流通的产品超出了消费者的消费需求,也就是市场向消费者供给的产品总额远远高于消费者的需求总额。在这种情况下,买方将会占据有利地位。

3. 供求均衡。

所谓供求均衡,指的是在某段时间内,生产部门生产的产品和市面上流通的产品与消费者的消费需求几乎对等,也就是市场向消费者供给的产品总额与消费者的需求总额相对平衡。这种情况虽然是一种相对而言的平衡,但也要在严格的假定条件下才有可能出现。在这种情况下,买卖双方的关系趋于稳定,不存在谁占据了有利地位。

在第三次并购风潮发展阶段,中国经济持续发展,国民经济水平显著提高，与此同时，中国市场对资源等产物的需求逐渐扩张。受各种各样原因的影响，许多资源类产品的进口成本持续上升，随后中国企业试图以跨境并购的形式打破资源供给瓶颈。

中国试图在短期内得到更多资源，但这种做法受到美元价格走势、全球市场供求关系等因素的影响。在这一阶段，如果经济增长速度出现下滑、国际贸易需求走低，就有可能出现产业价值链逆向挤压效应，也就是由于市场需求降低，上游资源存货增加、资产贬值。2008年的全球金融危机就导致了此后几年中国一直受资源价格下跌造成的去库存化影响。由于中国市场的需求正在持续高速增长，再加上部分资源不可再生，中国企业跨境并购夺取优势资源的脚步没有放松，而不少中国企业也有能力承受资产贬值风险，在供需关系型并购上取得了一定的成绩。

产业转移型。企业把产品生产的部分或全部从原生产地转移到其他地区，这种情况被称为产业转移。根据产品生命周期理论，工业上一直重复创新、发展、成熟、衰退四个环节组成的生命周期。而后区域经济学家把该理念引入区域经济学中，由此产生了区域经济发展梯度转移理论。

在第三次并购风潮中，中国市场需求大规模增长，中国制造型企业中有不少都成长为具有较强实力的大型制造商，反向提升了产品出口的增长速度。这一点在装备制造业中尤其明显，许多口碑极佳的大型制造商经营管理方面都存在"边界溢出"现象，涉及了市场、产品、供应链、资本四个方面。

在中国大型制造企业"边界溢出"问题越来越凸显时，它需要的是更加广阔的成长空间，例如，通过进入更大的市场提升竞争力、优化供应链体系等。但站在客观的角度分析，就全球比较来看，中国制造企业仍然具有一定的短板，比如产品竞争力不够，再比如供应链管理以及全球布局不够整齐划一等。

外引内联型。外引内联是"对外引进和对内联合"政策的简称，是在成立经济特区时提出并实行的政策。引申到企业上，它是指对外引进资本以及先进技术和理念，对内实行各区域相互联合的一种行为过程，目的是提升企业多元化发展。

纵观中国企业跨境并购案例，有些企业通过跨境并购得到了品牌、海外渠道乃至生产体系等资源，但它们的战略核心并没有围绕着将企业生产的产品借此打入全球市场，而是将通过跨境并购得到的资源投入国内市场，与经济特区"外引内联、横纵联合"政策的具体操作如出一辙。通过跨境并购，把曾经和自己有过业务联系的供应链上下游企业变为子公司，加之自身在其领域存在的领先优势，构建以"国内为主、国外为辅"的运行体系。

服务管理型。服务管理针对的是通过哪些措施对服务竞争环境中的企业进行管理，最终获得成功。包括分析服务利润链、服务的交互过程与质量、服务业产品营销与制造业产品营销的对比等。目的是增加客户对服务的满意度。

2001年中国加入世界贸易组织后，金融、电信、交通运输等行业中的服务型企业把目光放在了如何抵御外来企业挑战上。现在这种外资竞争压力已经从中国市场上消失，受广阔、增长迅猛的国内市场影响，许多中国企业顺利跨入世界500强的大门。

透过中国服务业整体分析，中国服务业并没有可利用的海外市场拓展思维和策略，与之相关的服务体系也没有足够的海外布局能力。与之成为鲜明对比的是消费者需求，中国买家时常出现在世界各地，全球奢侈品的销售额大部分是中国消费者创造的。无论是金融，还是电信，抑或交通运输，与服务行业相关的领域几乎都形成了巨大的跨境服务需求，这使得中国本土服务型企业必须在更短的时间内完善全球服务网络。

就长期分析，中国和美国间的直接利益竞争越来越激烈，就全球化竞合模式加上中美两国各自利益方面看，中国企业与美国本地企业的并购计划或许还需要面临复杂的政治和商业环境。

从时间上看，中国第三次并购风潮与发生在美国的第五次并购风潮时间一致，因此也需要面临经济全球化发展及企业竞争日益激烈等问题。

第三次并购风潮发展至今已经衍生出很多新产物，中国的并购市场也从稚嫩趋于成熟。

未来，是一个关于并购的时代。

日本并购史上的革新

与美国、中国的并购史相比，日本的企业并购史同样也历经波澜。

在日本国内，遭遇1900年、1907年的经济危机时，日本国内的垄断资本主义体制已然兴起。日本多数的产业部门出现时就已通过与政府的"政商"关系形成了对产业部门的垄断。这种体制在两次大战期间得到完全的强化。

日本经济学家竹内宏说过："按照所谓纵的业种分类，求得一个企业发展，越来越要求将企业横串起来，进行横的联系与统一管理。"

不同的阶段，日本并购呈现的样貌也有所差异，下面就让我们来一一探究日本在不同阶段所掀起的并购风潮。

第一阶段：第二次世界大战之后—20世纪50年代

日本首次的并购风潮始于1945年，止于20世纪50年代。在这一段时间内，日本股市呈现出一种由于人为因素导致高度分散的状态。而这次的并购风潮，并非是偶然事件，此次并购风潮的掀起可以归结为以下两点原因：

1. 在经过战火的摧残之后，日本经济遭受到了沉重的打击。

日本工业固定资产受到了前所未有的危机，其中将近四分之一的资产受到冲击。日本的制作原材料供应紧张，社会再生产秩序无法维持长期有效的稳定，在种种经济危机的高压下，日本社会的整体生产水平仅是战前的40%。

此时的日本经济实力，已逐渐与欧美国家拉开差距。所以恢复社会生产力，稳定经济发展成为日本恢复综合国力的首要任务。针对这一迫在眉睫的现状，日本政府制定一系列政策，鼓励并支持企业兼并，试图借此提高企业效率与经济利益，同时也达到经济恢复的目的。

2. "二战"之前，财阀以兼并形式的扩张型并购—组建企业集团掌握着日本的经济命脉。

战后，为了彻底消除为战争提供后备资金的日本垄断力量，美国占领局开始在日本本土推行经济民主化改革，将三井、三菱、住友、安田等15家财阀的325家大企业解散，并制定和实施了《禁止垄断法》（全称为《关于禁止私人垄断和确保公正交易的法律》）。美国希望借此法律法规确立日本的市场经济体制。此法律的实施，不仅禁止了控股公司的成立，更是对企业合并做出了明确严格的限制。

在美国的干预下，《禁止垄断法》在一时间得到了切实的实施，但是在后期的执行中，可谓是困难重重。该法律的众多规定并不适合日本本国的国情，所以受到了日本各界的排斥。1953年，日本修改《禁止垄断法》，放宽了对企业兼并的控制。与此同时，《废止财阀商号使用限制》法案通过，使日本财阀再次复活，活跃于日本经济中。但是此次的财阀崛起，不同于战前的财阀，新财阀是战后新政治经济形势下重组的新企业集团。

此次重组方式是恢复旧财阀名称，并依然保持旧财阀特征。如三菱商家，在解散时被分割为 139 家，但是在 1953 年复活时，合并为光和实业、不二商事、东西交易和东京贸易四家商家，1954 年时，更是将三菱商家整合为一家，成为三井物产。诸如此类。直至 20 世纪 50 年代末期，日本原有的六大财阀中，三菱、三井、住友、富士、第一劝业这五大财阀均重组为新的企业集团。

第二阶段：1960 年—20 世纪 70 年代中期

在这一阶段内，日本掀起了企业并购热。这场热潮的根本原因，就是日本确保自身可以有对抗外资的竞争力。在此阶段，也是行业重组进行得如火如荼的阶段，不仅避开行业内的重复投资，同时也培养出了无数个具有全球竞争力的企业。

这一阶段中，石川岛重工业与播磨造所、日本汽车与普林斯汽车工业、日本国内航空与东亚航空等多个企业均进行了合并的动作。值得一提的是，八幡制铁与富士制铁的合并，是由日本政府亲自出马竭力促成的，成为日本最大的钢铁垄断组织——新日铁。

引起这次风潮的原因有三点：

1. 经过战后的经济恢复，日本重返了国际社会，先后加入 IMF（即国际货币基金组织）、GATT（即关税与贸易总协定）和 OECD（即经济合作和发展组织）。

1960 年，日本池田内阁公布了《贸易、汇兑自由化计划大纲》，1967 年，日本实现资本交易自由化。自此，外资开始大量流入日本国内，渗透到日本各界部门。如英荷壳牌石油公司拥有昭和石油公司 50% 的股份，美国海滨石油公司持有三菱石油50%的股份。

日本国内刚起步的幼小企业受到了国际垄断资本势力的强大威胁，面对如此危机，日本企业开始采取措施，实施自救：企业之间进行合并或相互持股。在采取了该项措施之后，日本企业的交易关系开始趋于稳定，在一定程度上抵制了外资的渗透和吞并。

2. 日本虽然已经重返了国际社会，但是经济实力远不能和欧美国家相媲美。

据相关报道称，当时世界上有100家大型企业，美国79家，英国10家，德国7家，而日本一家也没有。小规模企业过多，在一定程度上也限制了日本经济的发展。为了改变这一落后的现状，通产省于1963年提出了"新产业体制论"，明确指出了日本企业的三个问题：一是生产规模过小，使得规模经济没有得到充分利用；二是规模较小的企业存在大量的过度竞争；三是企业经营规模较小，企业的资金实力难以与国际垄断公司抗衡。所以，解决日本企业的问题，日本经济自然就可以更上一层楼。对此，大规模调整产业组织结构、重视企业合并，实现集中化和建立规模经济体制成为解决这三个难题的最佳方案。

于是，以大型化、集中化为特征的企业合并如雨后春笋，迅速兴起，日本企业合并高潮悄然来临。1964年，新三菱重工业、三菱造船和三菱日本重工业三家公司合并，重组成为三菱重工业，成为当时日本规模最大的企业。据统计，20世纪60年代，日本发生了8550起并购案件，其中51件案件兼并资产额超过100亿日元，还有31件兼并案，兼并资产额在50亿~100亿日元之间。

3. 为了赶超英美，迅速提升经济实力，日本提出以重工业化为中心的产业结构高级化政策。

这一措施必然需要通过集团的重组来实现，才能达到全社会资源的重新优化配置。前面提到的新日本制铁公司,就是依靠此政策迅速成为日本最大的钢铁公司。

第三阶段:20世纪80年代后半期—90年代初

20世纪80年代后半期,日本企业已经不再局限于国内企业的并购重组,而是将目光逐渐转向国外:索尼收购了哥伦比亚与皮克查斯公司,普里吉斯顿公司收购了菲伊阿斯顿公司等。这些都是日本企业展开的海外企业并购行动所获得的成果。

而这次日本并购海外企业的原因又是什么呢?

1. 20世纪80年代的日本,正处于泡沫经济的漩涡之中。

日本方寸之地,物资缺乏,如果想要保证国内的稳定生产,就必须借助外力,引进原材料。但是,面对日本与生俱来的原材料奇缺状况,依靠海外材料,并不是企业发展的长久之计。海外市场开发资金就像是一个无底洞,日本的多数企业均为中小企业,根本无法长期承担资金费用。所以,只有并购海外企业才是日本企业得以长久发展的良方。

2. 20世纪80年代,日本经济逐渐走向复苏,由高速成长迈向成熟期。

与此同时,日本国内狭窄的销售市场显然难以满足企业的经济发展需求,所以,企业想要继续生存发展下去,就一定要开拓海外市场。这里不得不提到的是,日本在此阶段的并购行为曾被业内人士称之为敌意收购,即被收购公司在非自愿的情况下,被其他企业收购。敌意收购普遍认为是始于 Minebea 公司意图收购三协精机制作所公司事件。虽然这次收购以失败告终,但毫无疑问,这次事件打破了企业并购的善意目的。

换言之,敌意收购就是收购企业,将获得的股票再以高额的价格卖给被收购企业。这种并购不再是以经营企业为目的,而是以牟取暴利为目的的不法行为。

第四阶段：1990年—21世纪

与前三个阶段不同，日本并购风潮的第四阶段有四个特点：

1.并购数和市场规模扩张迅猛。

据相关数据显示，这一阶段的并购数量是并购高峰期1990年、2000年和2001年三年总和的2倍左右，不得不说，此并购数量真是令人瞠目结舌。此外，这一阶段的并购金额方面较之前的两个阶段也发生了变化。根据日雷克夫公司调查数据显示，2001年的7.6兆日元等价于1997年的1.8兆日元，相当于升值了4倍。

2.内—内型的企业并购（即国内企业之间出现的并购）明显提高。

在收购热潮的第三阶段中，日本的内—外型的企业并购（即日本国内企业对海外企业的并购）频繁出现，而当日本迎来第四阶段的并购热潮时，内—内型企业并购便取代了内—外型企业并购，以不可逆的姿态席卷了日本市场。

3.高科技技术的推动。

随着世界全球化热潮的席卷，追求高科技成为企业发展和并购的动力。步入20世纪90年代之后，以汽车为代表的技术模式时代已然过去，迎来的是以信息技术为代表的科技时代。在这个转变过程中，日本企业早已丧失了优势，再一次与欧美国家拉开了距离。

日本企业想要在最短的时间里赶超欧美，在新技术时代占得一席之地，就需要借助企业并购的形式，利用海外企业来提高自身的科研力量。换言之，就是通过跨境并购方式，不断引进海外的高科技。

4.东南亚国家的崛起，无形中给日本带来了极大的压力，日本企业也遭到了前所未有的严峻挑战。

泡沫经济的破灭，日本经济的衰退，使得日本企业的国际竞争力不断下降。此外，1997年东南亚金融危机的爆发更是令日本企业经济发展雪上加霜。大量海外的廉价商品开始涌入日本市场，日本企业逐渐失去价格竞争的优势。为了扭转这种不利的市场经济局面，日本企业不仅需要恢复，更要提高国家综合实力与国际竞争力，但是仅仅依靠企业内部调整是远远不够的，只有"集百家之长"，打破企业界限，进行海外企业并购才有希望"卷土重来"。

日本在近60年的时间里，掀起了四次并购热潮。这四次并购风潮也说明了，在不同的发展阶段，企业也会有不同的经济发展战略。在经济恢复时期，日本的经济战略就是让企业在最短的时间内迅速恢复元气。

虽然这四次并购风潮的原因不尽相同，但是有一点是共同的，那就是追求利润。日本企业并购的原因多种多样，包括恢复企业经济、节省生产费用、扩大企业规模等。但是不可否认，企业并购的根本原因就是为了获取利润收益。

总体来看，日本上市公司股权分散这一特点并没有太大改变。尽管距离日本第一次并购风潮已经过去了70余年，日本上市公司股权分散情况略有好转，但通过东京证券主板上市公司（1814家上市公司）第一大股东股权结构来看，第一次并购风潮中出现的股权分散情况仍然是日本上市公司的显著特点。

近年来，虽然许多人对日本上市公司的管理模式提出质疑和批判，但"二战"后日本经济复苏的速度着实令人咋舌，尤其是近30年来日本经济的发展过程更是令人无法小觑。在这样惊人的成绩背后，也凸显出日本的经济模式和上市公司管理模式有许多值得我们借鉴的地方。

欧洲并购史上的变迁

欧洲，一个集诸多国家于一体的经济体，与其他国家不同，欧洲诸多国家所进行的企业并购可谓是一波三折。

20 世纪 90 年代，欧洲一体化的出现，不仅为欧洲企业并购提供了动力，更带来了压力。欧洲统一市场的行为，改变了欧洲企业的外部环境，为了适应欧洲市场的改变，欧洲企业重新调整了市场战略。

欧洲企业并购在 20 世纪 90 年代可以分为三个主要层次：

1. 各国内部的企业并购。
2. 欧洲国家与国家之间的企业并购。
3. 欧洲国家企业与非欧洲国家企业之间进行的并购行为。

在经济发展史上，资本主义国家的并购行为大多是为了垄断该行业，通过强强的资本联合，击败竞争对手。但是欧洲所进行的企业并购大多是为了通过资本联合，实现规模经济效益，在异常激烈的全球竞争中，降低竞争成本。换言之，就是通过并购，以最小的成本获得最大的成功。

通过并购行为，我们可以看出，敌意并购行为逐渐减少，为了优化资金和产品结构的善意并购行为日益增多。

20 世纪 90 年代的欧洲企业并购分为两个阶段：

第一阶段：1988—1993 年

20 世纪欧洲的第一次并购风潮，始于 1988 年，结束于 1993 年。换言之，这一次的欧洲并购风潮发生于世界第四次企业并购高潮（即：以金融杠杆并购为特点的第四次企业并购浪潮）的后期。此阶段的并购主要发生在欧洲国家与国家之间、欧洲国家企业与非欧洲国家企业之间。

此次并购风潮中，欧洲国家跨国企业并购数量迅速上涨，1998—1989年，企业并购的增长率一日千里，从之前的700起猛增至1700起。1990年，欧洲并购数量值达到最高峰，当年企业并购数量为2000起。然而，1990年是在此阶段中欧洲企业并购的一个分水岭，1990—1993年，欧洲企业并购数量呈下降趋势，但并购数量仍保持在每年1200~1400起。随着企业并购数量的减少，欧洲企业并购金额也随之减少，1993年，并购金额已跌至300亿美元左右。

这个阶段，出现了几起较为典型的并购案例，如法国的BSN SA公司以27亿美元收购了美国RJR NABISCO INC公司；英国的REED INTERNATIONAL与荷兰的ELSEVIER NV合并，此次合并所涉及的金额为45亿美元；瑞士的雀巢公司以26亿美元收购了法国SOURCE PERRIER公司等。

第二阶段：1994—1999年

20世纪，欧洲第二次并购热潮开始于1994年，结束于1999年。此次的并购与全球第五次企业并购热潮（即：全球跨国企业并购浪潮）同步进行。

在经历了第一阶段（1992—1993年）企业并购的轻微消沉之后，企业并购再一次"卷土重来"。1994—1996年，每年平均并购行为约为1700起，其涉及的并购资金更是庞大，许多企业的并购资金均超过10亿美元。1995年，企业并购金额值也达到这一阶段的高峰：650亿美元，远超过1989年的520亿美元。

这一数据的变化说明了欧洲企业并购的对象开始偏向于大型企业。1997年，欧洲越来越多的大型企业卷入了这场并购活动中。期间德国

BMW公司以28亿美元收购了英国ROVER公司（汽车制造业），德国大众公司以8.8亿美元收购了捷克的斯科达公司等，通过这些大型收购案例，我们可以发现，此次的企业并购行为大多为同行业企业间的并购。

这两个阶段的并购风潮，都有着以下几个特点：

1. 随着经济全球化和欧洲企业经济一体化的盛行，企业也做出了相对应的战略反应——企业并购。

欧洲企业并购的一个显著特点就是和统一市场与单一货币有着密切的联系。从该阶段的并购行为可以看出，当欧洲一体化加紧进行时，欧洲企业的并购行为也相当活跃。

从20世纪90年代的这两个并购阶段来看，随着欧洲一体化的逐步实现，欧洲企业并购行为也随之活跃起来。同时，这一时期的并购行为也带着一定性质的侵略行为，也就是通过并购行为在市场中取得有利条件与有利地位。

2. 欧洲企业跨国界与跨地区并购，已经是大势所趋。

20世纪80年代后期欧洲为了调整企业战略，掀起了国内企业并购。在1993年，企业战略调整基本完成，至此之后，企业并购重点由国内企业并购转向跨国界、跨地区并购。此外，欧洲企业与非欧洲企业并购事件中，约有30%与美国有关，同时，美国企业对欧洲企业并购的数量远远超过欧洲企业对美国企业的并购。

3. 同行业并购多于跨行业并购。

之前欧洲企业所进行的企业并购，大多数是跨行业并购。但是此阶段的并购却是同行业并购于余跨行业并购。即企业并购的方向，不再是跨行业，而是并购统一产业范畴的企业，将资金集中地投放在核心企业，增强企业的市场竞争力，提升企业的综合实力。这种同行业并购在高新技术领域更为突出。

4. 欧洲企业并购存在着明显的历史连续性与地区分布不平衡性。

在欧洲大陆，有着经济历史渊源的国家彼此之间的并购更为频繁。例如，爱尔兰企业68%的并购对象为英国企业，同样，英国企业23%的并购对象为爱尔兰企业；比利时企业50%的并购对象是法国和荷兰的企业；卢森堡企业75%的并购对象为法国和德国的企业。

这种明显的地区分布使欧洲一些国家经济关系相当密切，从而形成了若干密切的经济核心。仔细研读欧洲企业并购事件，我们不难发现，北部国家的企业大多处于主动并购地位，相反，南部国家的企业则多处于被动并购地位。

5. 工业企业之间的并购风潮开始减弱，而服务领域企业的并购风潮方兴未艾。

1992年以前，工业企业可以称得上是"独霸一方"，其领域的企业并购事件自然也会占据较大比重，据相关数据显示，60%的并购事件均发生在工业领域的企业。随着时代的变化，经济的发展，服务领域后来居上，在企业并购行为中独领风骚。

6. 企业并购所涉及的资金规模越来越大。

20世纪90年代中期，并购金额超过10亿美元，就足以让人瞠目结舌了，但是在1998—1999年期间，却发生了多起并购金额超过100亿美元的并购事件。

如此庞大的企业并购资金使得许多欧洲国家不止一次地介入并购活动。例如，德国赫希斯公司在20世纪90年代中期控制了美国DOW公司后，随后在90年代后期与法国的罗纳—普朗克公司实现合并。

这两个阶段的并购风潮的掀起，有三个主要因素：

1. 随着全球经济一体化的出现，国际之间的竞争愈演愈烈。

随着全球经济一体化的不断深入，欧洲企业开始重新考虑自身的企业规模与结构，即便世界500强也不能幸免。通过企业内部的利润积累很难在短时间内实现产品与资本的优化，以达到企业综合实力的提升。所以，他们找到了另一种提升自身实力的方法：通过资本联合，来提高企业的国际地位。

2.科技的快速发展与进步，尤其是通信技术与互联网技术的迅猛发展。

毋庸置疑，技术的快速发展大大推动了欧洲企业并购活动。新科技以极快的速度向各国行业渗透与融合，使许多欧洲企业有了一个新的发展空间与方向，并且有可能占有更多的市场份额。同时，科技的发展使许多传统手段发生转变，逐渐转向现代化。

虽然科技的发展使国际金融市场的日常交易变得更为便捷方便，也为企业之间的并购提供了一个良好的技术条件。但是，科技的快速发展也给欧洲企业带来了越来越多的竞争压力。

3.欧洲对相关竞争政策的调整，以及各国政府对本国市场管制的放宽管理。

欧洲一向奉行自由竞争原则，为了保持这一现状和保护多数的中小企业利益，欧盟都未曾制定一部关于企业之间并购的单独法律，各国政府在这一方面一向都是慎之又慎。随着世界经济的发展，政府对企业的约束力也是日渐减弱，独占市场的国家基本是不可能存在的。所以在这一背景下，越来越多的国家与政府都开始支持甚至是鼓励企业并购行为。

此外，冷战结束之后，私有化的进程也推动了企业并购的进行。冷战之后，一些国家资本市场发展极度落后，国内所能动用的资金为数不多，面对这样落后的发展局面，这些国家便采取了吸引外资的市场自由化政策。国家政府的这一举措，更是为欧洲企业并购行为提供了一个前所未有的机会。

基于以上多种原因，企业并购热潮迅速在欧洲开展。欧洲企业并购热潮对欧洲企业的发展的确起着积极作用，但是，同时也为欧洲企业的发展带来了负面影响。

1. 企业并购推动了跨国公司的资本重组与竞争。

欧洲企业所进行的企业并购行为，不是单纯的国内企业并购，其中也包含着非欧洲企业的并购，所以，相对其余国家国内的企业并购，欧洲企业的并购使得国际竞争愈加激烈，特别是大型企业之间的合并，不仅不会使原本紧张的市场竞争局面得到缓解，反而是雪上加霜。大型企业之间的竞争远远要比小型企业的竞争更为残酷无情，特别是在当时那些生产能力过剩的领域，如果企业并购失败，竞争失败者终将会被市场无情淘汰。

2. 对欧盟某些共同政策构成挑战。

欧洲企业并购行为的掀起，等于向欧盟的竞争政策下了战书。欧盟竞争政策原本是以维护市场公平竞争和中小企业利益为目的，但是当企业并购行为出现之后，欧盟竞争政策的实施受到了前所未有的阻碍。同行业企业的并购行为，使得企业的竞争对手越来越少，曾经约50家的欧洲航空公司，在企业并购风潮的席卷下，仅剩了10家，诸如此类，诸多行业的并购行为数不胜数。随着企业并购行为的日益加剧，欧盟必须要对传统的竞争政策进行大幅度调整，以确保欧盟的利益与地位。

3. 使得欧洲一体化更加深入。

站在市场建设方面来说，欧洲企业并购会进一步加强欧洲一体化的积极影响，并将欧洲一体化推向一个新的发展高度。"欧洲公司"的产生，将大大促进各国市场的自由化，同时也可以将原本难以攻克的贸易与投资城墙攻下。

4. 在一定程度上，也加剧了成员国利益分配的不平衡。

欧洲企业的并购行为大多发生在资金技术雄厚的北方地区国家，南方地区国家除了意大利之外，基本都处于被收购地位。长期以来的不平衡发展，使得企业并购所带来的规模效益，也并非由所有欧洲国家共享。北方积极活跃的并购行为，使得其占据更多的市场份额，而南方则正好与之相反。从这一角度来看，欧洲的企业并购行为，并不利于成员国内部的团结与利益分配。

5. 提高了欧洲企业的国际竞争力。

从经济全球化的角度看，欧洲企业之间的并购对提高欧洲工业的竞争能力有着较大的帮助。由于一体化进程的一度停滞和市场的分割，因此欧洲很难实现跨国界的资本与技术联合，在同一个行业中，欧洲往往存在着更多的生产厂家，规模经营上的落后使得欧洲市场的相当大比重被美国和日本，甚至是新兴工业国家所占据。可以预料，由于欧盟所采取的鼓励企业并购政策，加上各个成员国政府推行的市场自由化政策，欧洲企业并购对重新夺回原来的市场份额将会起到很大的作用。

对于企业并购行为，欧盟也制定了一系列的法律来进行规范。

在之前没有制定下来明确的法律法规之时，欧盟一般都沿用《罗马条约》中的第85条和第86条。《罗马条约》第85条规定："禁止一切有可能影响成员国之间贸易的协议、决定和活动，禁止共同市场和不限制公平竞争的做法。"第86条规定："禁止在共同市场内部形成的垄断地位，这一垄断可能通过价格歧视影响成员国之间的贸易。"

1973年，欧盟委员会曾向部长理事会提出了一部欧洲企业并购法案，但是部长理事会迟迟没有回应。直到1989年12月份，部长理事会才通过《企业并购法》（Merger Regulation），该法于1990年9月生效。

《企业并购法》正式颁布之后，欧盟委员会获得了欧盟范围内企业兼并活动的绝对控制权。欧盟境内的任何一起企业并购活动，都必须先上报给欧盟委员会，然后经欧盟委员会调查，如果调查发现该并购行为与《企业并购法》相悖，欧盟委员会有权终止该次并购行为。同时，这部法律在一定程度上限制了欧盟成员国在进行并购时采用本国内的反托拉斯法的权利（即反垄断法）。

《企业并购法》的采用已经不仅限于欧盟范围。1994年，建立EEA（即欧洲经济区）协定正式签订后，1995年，瑞典、芬兰、奥地利加入欧盟，EFTA（即欧洲自由贸易协定）国家仅剩挪威、爱尔兰与列支敦士登三个国家。为了实现欧洲经济区公平竞争的目标，欧洲经济区采用了欧盟竞争法为基础的法律体系。

欧洲经济区协定第57条明确规定《企业并购法》适用于欧洲经济区中所有国家。如此一来，欧盟委员会对企业并购行为的指导和监控便扩展到欧洲经济所有的区国家。

《企业并购法》正式采用之后，《罗马条约》中第85条与第86条有关并购的法律已停止采用。《企业并购法》出台之后，欧洲先后制定了一系列相关法律法规，成为90年代欧洲企业并购行为的法律框架。

欧洲20世纪90年代的两次并购风潮停息之后，2005年，欧洲再一次掀起了企业并购热潮，在此期间，欧洲企业的并购数量占全球并购数量的30%左右。如果没有区别欧洲国家政府的干涉，或许并购数量还会增加。而欧洲政府干涉企业并购的原因，无非是害怕自己的"鲜肉"掉入其他国家口中。

中 篇
并购风云

第三章
宝能系：霸道总裁式"野蛮入侵"

如果有权威机构推出"2016年最焦虑企业家排行榜"，那么万科企业股份有限公司（以下简称"万科"）董事长王石肯定位居榜首。

自万科成立以来，最仓皇无助的时刻大约都集中在了2015年和2016年——在短短两年内，以深圳市宝能投资集团有限公司（以下简称"宝能集团"）为中心的资本集团——宝能系先后五次举牌万科，万科眼中的"野蛮人"成功"登堂入室"，成为万科最大的股东。

站在万科的角度来看，"野蛮人入侵"对其"生理"和"心理"两方面造成了巨大影响。"生理"方面是指宝能系"乱入"导致万科股权结构发生改变；"心理"方面则是指万科认为"野蛮人"的资金"来路不明"，生怕拖垮万科。作为董事长，王石的焦虑自然是无可避免的。

对寻常百姓和普通股民来说，这件事也许算不上轰轰烈烈，但对于中国金融界而言，宝能系和万科之间历时两年的战争毫无疑问是当时最轰动的话题。

很多人将宝能系收购万科这件事称之为"宝万大战"，很多媒体对这件事的看法更加直观：一个"野蛮人"堂而皇之地出现在一家优质公司门前，且以一种十分野蛮的方式、不顾主人反对登堂入室。

在各路资本眼里，万科无疑是一块香喷喷的肥肉，万科四周充满了虎视眈眈的猎人，这个问题让万科管理层不得不头疼。唯一能够缓解万科局势的事情，就是监管部门多次痛斥险资举牌，这一行为似乎对"宝万大战"的结果产生了微妙影响。监管部门及市场的风向改变，是不是就是万科的东风？"野蛮入侵"的"霸道总裁"宝能系是否会轻易认输？直到2017年2月24日，断断续续开展了两年多的"宝万大战"以中国保险监督管理委员会（以下简称"中国保监会"）对前海人寿保险股份有限公司（以下简称"前海人寿"）董事长姚振华给予"撤销任职资格并禁入保险业10年的处罚"作为结局。

嚣张跋扈一时的"保险资金"终于沙场折戟，淡出了资本市场。在这场"宝万大战"中，宝能系和万科之间到底经历了什么，下面我们来一一揭晓。

从卖菜，到"买"万科

宝能系、安邦保险、恒大集团有限公司（2016年6月16日更名为"中国恒大集团"，以下简称"恒大集团"）等资本大张旗鼓入侵万科，引发的股权大战几经波折，宝能系和万科多次险象环生。

在争夺万科股份的过程中，有很多大家都不陌生的企业参与了进来，如安邦保险、恒大集团、华润集团等。

据安邦保险官方数据显示："2004年安邦财产保险股份有限公司正式

成立,并在北京开设第一家分支机构。安邦保险是一家全球化的保险公司,总资产约为19710亿人民币。安邦在全球聘用了3万多名员工,拥有超过3500万客户和遍布全球的服务网络。业务领域涵盖寿险、财产险和意外险、健康险、养老险、银行和资产管理。安邦持续遵循以'客户为中心'的战略,为全球客户创造价值。"

据恒大集团官方数据显示:"恒大集团是以民生地产为基础,金融、健康为两翼,文化旅游为龙头的世界500强企业集团,已形成'房地产+服务业'产业格局。2016年总资产1.35万亿、销售规模超4000亿,纳税334亿,现金余额3043亿,员工8万多人……"

据华润集团官方数据显示:"华润(集团)有限公司是一家在香港注册和运营的多元化控股企业集团,其前身是1938年于香港成立的'联和行',1948年改组更名为华润公司,1952年隶属关系由中共中央办公厅变更为中央贸易部(现为商务部)。1983年,改组成立华润(集团)有限公司。1999年12月,与外经贸部脱钩,列为中央管理。2003年归属国务院国有资产监督管理委员会直接管理,被列为国有重点骨干企业。"

安邦保险、恒大集团、华润集团等企业的发展历程很多人都了解,但宝能系无疑是一匹让人吃惊的黑马,硬生生地闯入了万科集团的股东团队之中,闯进了公众视线里。

或许在很多人的印象里,"宝能系"这三个字出现的频率并不高。也有很多人质疑宝能系究竟有多大的实力,敢去招惹万科。有这种怀疑的人,一定没有去了解宝能系如小说般传奇的前世今生。

宝能系是一个资本集团,其中心就是宝能集团。据宝能控股(中国)有限公司官网显示:"宝能始创于1992年,总部位于中国深圳经济特区,历经20余年稳健经营和高效发展,现已发展成为涵盖物业开发、科技园区、现代物流、综合金融、医疗健康等五大核心产业的大型现代化企业集团。"

"宝能自创立以来,始终坚持'诚信发展、规范运作、市场化经营'原则,高度重视资产质量提升、业务战略清晰、资源有效整合、人才吸纳和培养,着力打造可持续发展能力。目前产业布局覆盖长三角、珠三角、环渤海和东盟自贸区等四大中国经济最为活跃的区域以及'一带一路'的核心节点城市。截至2015年底,公司净资产逾1200亿元人民币,市场价值超5000亿元人民币,系统内员工近六万人。"

那么,宝能集团又是怎么一回事呢?

据中华人民共和国国家工商行政管理总局[①]系统数据显示,宝能集团全称"深圳市宝能投资集团有限公司",历史名称为深圳市宝能投资有限公司、宝能集团(深圳)有限公司、深圳市新保康投资有限公司,法定代表人为姚振华,除姚振华外,主要人员还包括邓祖明、周莹、叶伟青、梅思怡。宝能集团于2000年3月23日成立,地点位于深圳市罗湖区笋岗街道宝安北路2088号深业物流大厦10楼,注册资本为三亿人民币。宝能集团属于有限责任公司(自然人独资),经营范围包括:投资兴办实业;投资文化旅游产业;建筑、装饰材料的购销及其他国内贸易(法律、行政法规、国务院决定规定在登记前须经批准的项目除外)、经营进出口业务(法律、行政法规、国务院决定禁止的项目除外,限制的项目须取得许可后方可经营);建筑设备的购销与租赁;信息咨询、企业管理咨询(不含人才中介、证券、保险、基金、金融业务及其他限制项目);供应链管理。

如果不是因为"宝万大战",前海人寿、深圳市钜盛华股份有限公司(以下简称"钜盛华")和其董事长姚振华或许还是没什么人知道的"小角色"。事实上,对于资本市场来说,姚振华确实属于一个陌生人。从宝能

[①] 2018年3月13日,十三届全国人大一次会议审议国务院机构改革方案,组建国家市场监督管理总局,不再保留国家工商行政管理总局。

集团创立以来，作为法人代表的姚振华行事低调，使其始终保持着一种神秘感。

姚振华大学就读于华南理工大学工业管理工程和食品工程双专业，大学毕业的他选择到深圳工作，所从事的是一般大学生不会选择的行业——贩卖蔬菜。经过多年的奋斗，到2017年1月份，白手起家的姚振华已经担任了宝能集团董事长、前海人寿董事长、广东潮联会名誉会长等职务。从卖菜起家，到"买下"万科，成为其最大股东，姚振华的经历可以称得上是一个传奇。

在宝能系，还有一个神秘人，他就是姚建辉。2010年起，姚建辉先后担任宝能集团法人代表、董事长、总经理等职务。在此之后，姚振华与姚建辉的身份和职位不断调换。

姚振华与姚建辉的身份可以说是宝能系的"两个秘密"，宝能系的第三个秘密是他们两人的关系。2015年，港交所的一份文件使这个秘密公诸于世，这两人其实是亲兄弟。姚氏兄弟在宝能系中分工明确，姚建辉掌握宝能系旗下物业投资项目，如深业物流、创邦集团、丰泰格瑞、兆都投资等，姚振华则一心扑在宝能集团上。

姚振华与姚建辉两兄弟可以说是在"默默无闻"中创建了宝能系这一商业帝国。

宝能系不配当万科的大股东

在收购万科这件事上，宝能系的确下了大功夫。

2015年6月，宝能系旗下的前海人寿首次购入万科股份，买下其2

万股股票，并于当月将部分股票卖出。后来，这一行为被看作是宝能系的试探。

从 2015 年 7 月 10 日开始，宝能系开始大量购入万科股票。前海人寿于当日斥资约 80 亿元在深圳证券交易所购入万科股票 552727926 股，这些股票约占万科总股本的 5%，自此，宝能系正式开始了与华润集团争夺"万科第一股东"的身份，"宝万大战"拉开序幕。

2015 年 7 月 24 日，前海人寿再度购买万科 102945738 股股票，宝能系旗下另一公司钜盛华同日买入万科 449615060 股，至此，宝能系所持万科股份总比达到 10%。宝能系的行为让万科产生了危机意识，万科管理层开始求助大股东华润，希望华润集团能够加大持股，或者引进其他资金，以抵抗宝能系"入侵"。

2015 年 8 月 26 日，前海人寿、钜盛华增持万科 5.04% 的股份，宝能系手中的万科股份总比例达到 15.04%，已经超过了占据"万科第一股东"之位多年的华润集团。眼看"第一股东"花落别家，华润不再沉默，开始采取措施，通过增持股票于 9 月初重新夺回了"万科第一股东"之位。12 月，钜盛华利用资管计划，又一次加持万科股份，以近 100 亿元的投入换回万科 4.969% 股本。至此，万科有 20.008% 的股份掌握在宝能系手中，万科易主。

2015 年 12 月 17 日，"宝万大战"愈演愈烈，万科董事局主席王石于北京万科的内部会议上表示："不欢迎宝能系成为万科第一大股东，因为宝能系'信用不够'。"

这句话无疑将"宝万大战"推向了舆论高潮。在王石做出回应的第二天，万科总裁郁亮首次公开表态对"宝万之争"的看法，称"没有任何理由不跟王石主席在重大事件上保持一致"，并表示"宝能利用杠杆收购获取最大利益，今天遇到的情况与敌意收购是一样的。风险在哪里？以史为鉴，看美国20世纪80年代，无论是收购方和被收购方都不成功，投资者和银行都受到损失。20世纪的敌意收购都是不成功的，所以买万能险的投资者要注意，管理团队与股东有分歧是有风险的"。

当月23日，万科针对"不欢迎宝能系入主一事"发表《万科公开信》，并对不欢迎宝能系的原因做出解释："我们欢迎所有投资者购买万科的股票。但为什么又说不欢迎宝能系？不是不欢迎它买万科股票，而是不欢迎它收购公司、控制公司。不欢迎，不是因为不喜欢它，或者看不上它，而是它的文化、经营风格与万科不相容。我们不是说万科的文化、经营风格比它优越，而是因为，万科文化、经营风格是万科品牌、信用的基础，如果万科的文化被改变，那么万科将不再是万科，万科可能失去它最宝贵的东西。

"但如果宝能系控制万科，我们没有信心说服它不改变万科的文化和经营风格。我们在双方接触的过程中已经逐渐失去了这种信心。在宝能系第一次举牌之后，我们多次向其表达，希望宝能系能就其举牌意向做出明确表达，我们认为让万科的文化得以延续，这是双方建立信任的基础。在就此达成共识前，我们希望他们暂缓增持万科的股票，为双方增加了解、建立信任保留一点时间。但我们的意见没有得到任何实质的重视或有效的回应。我们没有看到对话的诚意，只看到一步步逼近的城下之盟。

"我们仍然愿意保留对话的可能。我们仍然希望宝能系慎重考虑贸然改变万科文化和经营风格的风险，即使只从他们自身的利益出发。我们双方都是深圳的企业，如果因为内斗而两败俱伤，并不是我们希望看到的结果。我们捍卫的只是万科的文化，针对的只是宝能系，我们对保险资本、潮汕商界没有任何敌意，不希望外界对此产生误解。"

那么，万科与宝能系之间，究竟是不是单纯的股票买卖关系？宝能系接二连三大举购买万科股票的原因又是什么？

从现实来看，万科可以说是中国房地产企业的龙头，其品牌、信誉度、业界口碑、管理规范都属于业界佼佼者。唯一不足的是，万科在结构上求取股权分散这一做法。在宝能系登堂入室之前，万科最大的股东华润集团也仅仅拥有其15%左右的股份。这样的股权分配方式与西方许多知名企业相似，但是当资本对其狂轰滥炸时，万科的抵抗力明显不足，轻而易举就被对方拿下。

从2015年7月到2016年7月，这一年间，宝能系疯狂收购万科股票，甚至对这样的行为是否会造成自己的亏损不管不顾，直至成为万科最大的股东，其行为确实让人疑惑。而面对宝能系的收购行为，万科董事局的态度也一再发生改变。

最初，万科董事局十分欢迎宝能系的收购行为。2015年前后中国股市经历一次大幅下跌风波，许多企业为了活命，采用了对股票进行资金增持的方式，万科同样是其中之一。有人购买股票，万科自然求之不得。

然而，事情似乎没有万科董事局想象得那么简单，当宝能系掌握了万科10%的股票时，万科管理层明显惊慌失措了，王石也因此事与姚振华进行了面谈。出于多方考虑，王石当时强烈表示，"不欢迎"宝能系入主万科。

王石之所以说出这样的话，最主要的原因是他认为宝能系的信用不够。

或许不光是王石，很多人都会觉得宝能系信用不够。如果没有宝能系收购万科这件事，宝能系在地产界，无论是年营收还是总资产，都无法与万科匹敌。

因此，有人将宝能系收购万科股份这件事情比喻为"蛇吞象"。在王石眼中，宝能系这条蛇来势汹汹，而且资金来源不明，就连牌照情况都有些雾里看花之感。还有"深圳企业的知根知底"这一个因素在，王石自然也知道宝能系在收购公司这件事情上，无论是做法还是名声都不太好。

然而最让王石担心的还是宝能系的信用问题，他怕宝能系没有足够高的信誉，因此拖累万科。毕竟万科是当地产业评价颇高的企业，融资成本提高，也会对经营理念造成影响。

虽然王石十分不欢迎宝能系，但是宝能系还是对王石回应称，宝能集团旗下的公司都合乎国家法规，并没有资金来源不明等问题。同时，宝能系也向大众呼吁，请大家"相信市场的力量"。

宝能系斥资数百亿大张旗鼓地"入侵"，将矛头对准"第一股东"的位置，难道万科就应该等待命运的审判？王石对宝能系的"不欢迎"绝不是嘴上说说那么简单，面对宝能系多次举牌的行为，万科股票多次停牌，其实也是万科管理层对宝能系强势入侵的反抗。

为了捍卫万科的自主权，也为了抵御宝能系"野蛮入侵"，2015年年底，王石一直活跃在绝地反击的道路上。2015年12月18日，万科方面以"正在筹划股份发行"为由，将股票紧急停牌。表面来看，此次股份发行是为了万科资产重组，事实上，这件事是为了稀释宝能系在万科占据的股份。与此同时，万科股价上涨，宝能系如果还要持续增持，那么成本问题也是一个需要考虑的因素。

但王石的如意算盘可能打偏了，资产重组需要股东大会通过，宝能系在当时已经占据万科大量股份，王石是不是能拿到足够多的赞成票，有没有机会实现重组计划，以及计划实施时是否有人愿意高价购买……这些问题对于当时的万科而言，都是会改变其命运的重要因素。同时，这些问题也造就了万科未来"一切未知"的局面。退一步来讲，王石的计划就算得以实施，对于中小股民而言，他们所在乎的不是谁是"大股东"，而是"股价"的高低，毕竟钱才是王道，这就使王石拉拢中小股东的难度更高。

之后不久，宝能系以持续增股粉碎了王石的计划，王石虽然排斥宝能系的野蛮入侵，却也无法阻挡宝能系成为万科最大股东的脚步。

2016年3月，万科引入深圳市地铁集团有限公司（以下简称"深铁集团")的资金,与其签署合作备忘录,表达出与深铁集团的合作意向。

王石对宝能系入侵万科持坚决反对态度,这也使其"引火上身"。2016年6月23日,前海人寿发布公告称:"万科董事会未能均衡代表股东利益,独立董事丧失独立性,未能诚信履职;万科监事会对董事会出现的种种问题未能尽到监督及纠正的职责;万科已实质成为内部人控制企业,违背公司治理的基本要求,不利于公司长期发展和维护股东权益。"

三天后,也就是2016年6月26日,宝能系发布公告,要求罢免王石、乔世波、郁亮、孙健一、陈鹰、魏民、王文金七名董事,张利平、华生、罗君美三位独立董事,解冻、廖绮云两位监事,同时要求召开临时股东大会。

次日,万科召开2015年股东大会,让人难以理解的是,华润集团与宝能系站在了同一战线,共同对万科2015年度董事会、监事会报告投出反对票,王石成为大会的焦点人物。王石于当天提出,希望郁亮能够替代其职位,但"宝万大战"并未因此结束。

2016年6月30日,华润集团发声,提出不同意宝能系的罢免议案,改变了之前的态度,并表示"会从有利于公司发展的角度,考虑未来董事会、监事会的改组"。随后万科召开董事会,以11票赞成、0票反对、0票弃权的压倒性意见通过了"关于不同意深圳市钜盛华股份有限公司及前海人寿保险股份有限公司提请召开2016年第二次临时股东大会的议案"。也就是说,华润集团这次选择了站在王石这边。

随后万科打响了反击战。2016年7月18日到19日,万科通过电子邮件、现场提交、邮寄快件等渠道,就资管计划违法违规向中国证券监督管理委员会、中国证券投资基金业协会、深圳证券交易所、中国证券监督管理委员会深圳监管局提交了《关于提请查处钜盛华及其控制的相关资管计划违法违规行为的报告》,列举了2015年6月份以后宝能系资管计划存在的诸多问题。主要为以下四点:

1. 九个资管计划违反上市公司信息披露规定：九个资管计划未按照一致行动人格式要求完整披露信息；九个资管计划合同及补充协议未作为备查文件存放上市公司；九个资管计划披露的合同条款存在重大遗漏。

2. 九个资管计划违反资产管理业务相关法律法规：九个资管合同属于违规的"通道"业务；钜盛华涉嫌非法利用九个资管计划的账户从事证券交易；九个资管计划涉嫌非法从事股票融资业务。

3. 九个资管计划将表决权让渡于钜盛华缺乏合法依据：九个资管计划不符合上市公司收购人的条件；九个资管计划的相关各方均无充分依据行使表决权；九个资管计划不具备让渡投票权的合法性前提。

4. 钜盛华及其控制的九个资管计划涉嫌损害中小股东权益：钜盛华涉嫌利用信息优势、资金优势，借助其掌握的多个账户影响股价；钜盛华涉嫌利用九个资管计划拉高股价，为前海人寿输送利益；钜盛华和九个资管计划未提示举牌导致的股票锁定风险，可能导致优先级委托人受损。

虽然宝能系的罢免议案未能通过，且宝能系深陷违法违纪风波，但宝能系仍然没有表现出从"宝万大战"中抽身的迹象。8月，恒大集团加入这场股权战，购入万科4.68%股份，局势更加复杂。

到了2016年年底，宝能系还是凭借2016年7月5日加持万科股票75293000股后的优势，霸占着万科最大股东的位置。直到监管部门的强势介入，才使万科免于被宝能系收入囊中。

其实，早在监管部门介入之前，宝能系已经面临强势入侵带来的后遗症——股价下跌。

引火烧身：到嘴的"鸭子"飞了

在宝能系和万科的战争中，股价下跌让宝能系倍感城门失火的危机。在"收购万科"这回事上，冲在最前的宝能系和恒大集团其实"都不好过"，一个出现浮亏，一个出现浮盈收窄，无异于到嘴的"鸭子"飞了。

2016年年底，"宝万大战"还未出现结果，但是收购万科的投资者已经先行感到了来自市场的资金压力。"宝万大战"持续发展，市场风向在其影响下略有改变，万科的股价出现下跌现象。万科股价下跌，首当其冲受到影响的肯定是收购大量万科股份的宝能系和恒大集团。

被宝能系和恒大集团轮番"洗劫"，已经无法掌握主权的万科A股已经演化为庄股。此前万科股价也经历过暴涨。2015年7月，万科当时的股票均价14元左右，但当宝能系和恒大集团开始大规模购入，万科的股价水涨船高，到2016年11月18日，该数字已经攀升至29元。这也顺利缔造了八年来万科股价的最高峰。

"木秀于林，风必摧之"，这场资本掀起的风潮已经逐渐走向衰弱期。2016年12月12日，万科股价突然出现下跌，且一发不可收拾。当天，万科股价毫无预兆走低，收盘时报收仅为23.26元，跌幅为6.25%，超过此前一个月内万科的最大跌幅。第二天，万科股价持续暴跌，盘中跌幅甚至高达5.89%，股价一度降至22元以下，当天收盘时报收23.06元，跌幅达到0.86%。

截至2016年12月13日收盘，宝能系的浮盈已经缩水48.89亿元，此时的宝能系尚在万科股票禁售期内。恒大集团也未能幸免，浮亏额度达到

5.83亿元。

万科股票下跌或许是受到了监管层态度的影响。在市场风向随之变动的时刻，许多资金出于避险情绪选择出逃。

宝能系从第一次举牌万科到第五次举牌，估算下来需要动用的资金不少于440.31亿元人民币。除此之外，2016年7月7日到19日期间，宝能系小量增持万科，占比约0.4%，动用资金约7.88亿元人民币。也就是说，宝能系为了"买下"万科，先后六次投入资金，共计投入约448.19亿元人民币。

最让王石头痛的，也是这笔钱——宝能系用以收购万科股份的大量资金"来路不明"。宝能系用以收购万科股票的资金有一部分是自有资金，除此之外，剩余资金多来源于融资融券、资管计划、股权质押等。在2016年7月4日复牌之后的两天，跌停现象以及宝能系资管计划的强平危机，使宝能系遭受空前的资金压力。这种压力充斥在宝能系身上一个月之久，直到2016年8月4日，恒大集团在收市后宣布参与"宝万大战"，万科的股价才趋于平稳，并开始逐步回升。恒大集团购买万科股份这一事件，不仅改变了"宝万大战"的格局，也使宝能系解套。尽管宝能系买入万科股票的时间相对较早，成本也较低，在风险方面不及恒大集团，但是宝能系在"购买万科股份"这件事上也面临着不小的问题——浮盈大规模缩水。

很多业界人士分析，宝能系在"宝万大战"中采取了疯狂的资本运作，这无疑是自掘坟墓。但事实真是如此吗？

在宝能系大举购买万科股份的背后，有九个资管计划的支持。其中，买入成本最高的是南方资本的广钜2号，均价约2.06元，平仓线与份额净值相等，为0.8元，平仓价格约为17.75元。这就意味着，如果万科股票的价格跌至17.75元以下，那么宝能系就不得不面临平仓危机。直到2017年5月底，万科股票仍没有走出下滑的阴影，也没有攀升的迹象。这就意味着，宝能系仍需要为这场闹剧买单。

另外，保险资金后续投资势必受到监管层的影响，地产领域投资也会受到波及，很有可能会选择放弃。对于地产企业旗下的保险资金而言，监管层的介入可能会使其投资方向发生改变。

总体来看，宝能系大规模购买万科的股票或许没有上升到"自掘坟墓"的程度，但满城风雨的"宝万大战"以及监管层的介入已经对万科的股价产生了一定影响。在这场战争中，即便宝能系没有"自掘坟墓"，但我们也不可否认，宝能系遭遇了引火烧身的风险，唾手可得的巨大收益从宝能系的指缝中悄悄溜走了。

监管层出手，万科暂时脱险

宝能系数次大规模举牌万科，让万科毫无招架之力。直到2016年年尾，按捺不住的监管层终于发声，施展了"限制保险投资业务"的绝招，跌宕起伏的"宝万大战"终于偃旗息鼓，但这场战争其实并没有真的结束。

2016年，经过一波波资本"洗劫"，万科早已没有往昔的镇定，如果不是监管部门的强势介入，万科恐怕早已自乱阵脚。而2016年年尾监管部门的介入，让"宝万大战"的焦点回归源头，即保险资金应不应该举牌上市公司。

有了监管层的"帮助"，万科似乎掌握了这场战争的主动权——宝能系开始在这场战争中举步维艰，给了万科管理层一个喘息和准备还击的时间。万科董事会主席王石当即表态，认为万科文化能够起到保护盾作用，防止资本力量野蛮入侵。

第三章
宝能系：霸道总裁式"野蛮入侵"

可是，故事这次会按照王石的意愿走下去吗？万科管理层所期待的结局能够实现吗？事情显然不会这么简单。

实际上，就股权结构而言，万科管理层与宝能系、恒大集团确实有一定差距。尽管事实不容争辩，但万科管理层一直没有坐以待毙，他们一直为自己的命运而奋斗。

在监管部门发声后，万科也开始积极"自救"。2016年12月初，王石提出了万科的"万亿规划"，规划中提出，万科达到万亿销售额仅需6年。另外，万科总裁郁亮也在房地产市场崩盘方面阐述了不少观点。除此之外，万科似乎还打算利用"调薪"来稳定军心，使员工团队不至于分崩瓦解。

其实，在上述改革措施中，万科稳固管理层的秘密武器主要是设立合伙人制度、薪资升降制度。这种改革无疑使万科管理层和股东的利益相挂钩，而王石和郁亮相继发声也可以看作是表明身份，宣誓自己掌握着万科的主权。但这样的做法可能意义不会太大，毕竟"宝万大战"的决定性因素掌握在监管层手中——一旦"险资举牌不合法"的罪名坐实，万科管理层翻身的时机就会到来。

在这里，不得不提中国证监会和保监会对险资举牌的态度。其实，针对一而再，再而三发生的"险资举牌"事件，中国保监会和中国证监会多次在公开场合表态，甚至召开过专题议会对此进行分析研究，足可见其对险资举牌的重视。

早在2016年11月24日，保监会副主席陈文辉就指出："要加强（对保险公司）股权、股票投资监管，规范和约束其一致行动人行为。"同年12月3日，中国证监会主席刘士余发表了自己的观点："用来路不正的钱，从门口的野蛮人变成了行业的强盗，这是不可以的。挑战了国家法律法规的底线，也挑战了做人的底线，当你挑战刑法的时候，等待你的就是开启的牢狱大门。"

保监会公开喊话"险资要努力做资本市场的友好投资人,决不能让保险机构成为众人侧目的野蛮人",这些都被人视为万科管理层"脱险"的砝码。

从保监会和证监会的态度可以看出来,监管部门的下一步方向将会针对保险资金相关行为进行约束。这一风向改变必然会对险资举牌的控制权冲突情况产生影响,也恰好证实了监管层并不看好保险资金占据上市公司控股权的这一行为。

说到底,"宝万大战"的关键在于监管层对"宝万大战"中的宝能系如何定义。根据"宝万大战"最终的结局来看,监管层对宝能系大规模野蛮入侵并不认可。

在"宝万大战"尘埃落定之前,通过监管层的种种行为其实也可以看出一些端倪:保险资金即便要进入市场,也必须是有秩序地进入,而不是出于敌意,以一种敌意的方式进行收购。

宝能系对万科事事针对的局面,使监管层不得不采取举动。2016年12月5日,前海人寿的万能险新业务被保监会要求暂停;四天后,也就是12月9日,恒大人寿保险有限公司(以下简称"恒大人寿")委托股票投资业务也被保监会暂停,同时该公司被勒令整改。

房地产与金融资深评论人黄立冲接受采访时表示:"保险公司的资金筹集能力很强,但不应该过高地进行风险投资和敌意收购。保险资金参与敌意收购属于机会性投资,投资收益率很高,风险更高。此外,单个投资动用成本大,而市场上很多中小型的保险公司多数在做结算利率高的万能险产品,能承受的风险跟自身的资产规模不匹配。监管层有所行动,进行堵截,合情合理。"

其实,在2016年"宝万大战"最激烈的那段时间,不仅是宝能系和恒大集团与万科针锋相对,万科另外一个大股东华润与其关系也越来越微妙，这对万科管理层能否取得"宝万大战"的最终胜利产生了一定影响。2016年，万科管理层认为应该引入深铁集团的资金，对企业进行重组改革。同年3月12日上午，万科和深铁集团举行了战略合作备忘录签约仪式，当天下午照片流出，媒体开始争相发布对此事的猜测。华润集团得知消息后，立即与万科方面取得联系，要求万科不要就此事发布公告，如果发布公告，也不要谈及股权层面的问题。由于华润集团并不同意万科管理层的方案，因此在"站队"时与万科管理层的距离稍远。

监管部门的强势介入使"宝万大战"暂时告一段落，万科也暂时脱离了被宝能系围追堵截的日子，虽然并没有立即结束"宝万大战"这场闹剧，但是至少在混战中理出了一丝头绪。另外，尽管当时"宝万大战"历经一年多仍悬而未决，但是通过"宝万大战"反映出的问题是肯定的，即未来如果监管部门不插手，同万科类似的房地产企业可能无法逃脱被资本大鳄关注的局面，其中股权分散型的房企尤为危险，它们势必会成为资本大鳄眼中的"鱼肉"。

宝能系矛头直指格力，终引监管部门强势"围观"

宝能系之所以引来监管部门的强势"围观"，不仅仅是因为宝能系对万科"咄咄逼人"，还在于宝能系在"宝万大战"中"腾出手来"将矛头对准了珠海格力电器股份有限公司（以下简称"格力"）。

自2016年11月下旬开始，宝能系旗下的前海人寿大规模购入格力的股票。2016年11月30日的相关数据显示，前海人寿所持格力的股份份额已经达到4.13%，在格力的"股东排行榜"中位列第三。

宝能系此番举措使很多人以为，家电行业将上演另一番"宝万大战"。可这个念头还没来得及萌芽，就被中国证监会压了下去——2016年12月3日，中国证监会主席刘士余进行了专题讲话，怒斥"野蛮人入侵"事件。此次讲话不仅将"宝万大战"这一事件背后折射的问题提升到了全局高度，也打破了保险业和证券业之间有些僵持的微妙关系。

2016年12月9日，前海人寿黯然从格力股权之争的战场撤下来，开始寻找退出之路，实打实走上了"缴械投降"的道路。这种转变也打开了规范证券产业管理的大幕，为"险资举牌是否合法"这件事埋下了伏笔。

事实上，格力与万科多多少少有些相似之处，尤其是持股结构上，虽然这种结构使格力和万科蒸蒸日上，但是对其公司治理的影响不可小看：第一，流通股占据较高比例、股权相对分散、第一大股东并非掌握绝对控股权……种种原因导致了投资者购买较少的股份也能够获得其公司控制权；第二，格力和万科是各自行业中的佼佼者，销售能力强，现金流收入高，这种情况使得他人购买其公司股票后能够轻易获得回报，具体方式包括提高分红比例、增加分红频次等。

一般而言，股权相对分散的企业受管理层的影响更大，万科和格力恰恰证明了这一点。万科和格力多年来一直受控于明星级管理者，也就是处在王石和董明珠的管理之下。新一代股东以"资本"为媒，用十分"野蛮"的方式打开了万科和格力的大门，对于两位明星董事长而言，这件事必然带来极大的冲击，甚至能够迫使两人就此"下台"，使企业发生巨大变革，从而改朝换代。

虽然理论上讲，公司的股份和利益能够与"公司决定权"挂钩，但是公司是一个有机体，客观上除了拥有利益工具等属性外，还有实业承担者等属性，消费者与员工等福利也牵扯其中。因此，在一个企业的当家人"持家有道"之际，即使新来的"土豪当家人"拥有足够多的资金，在能否

第三章
宝能系：霸道总裁式"野蛮入侵"

导致企业家"被迫下台"、改变公司经营结构的问题上，依然有待商榷。

2016年11月宝能系就开始"大规模入侵"格力，此后南玻董事会成员纷纷辞职出走……这一变故在中国引起轩然大波。宝能系与"中国制造"龙头企业格力之间的战争，将业界内关于"实业家说了算"和"金融家说了算"的争论推向了制高点。或许正是因为宝能系如此高调的举动，才引得监管部门强势"围观"。

同样在商场打拼多年，董明珠和王石也不是任人欺负的角色，对此亦有所防备。他们前后采取了反制性增加己方股份的措施：第一，在持股上加大员工和管理层的持股比例；第二，实行定量增发，找寻友好机构持股，以此来抵御被并购的风险。

由于万科和格力市值较高，第一项举措无疑是杯水车薪，第二项举措无疑会增加公司资本，受到股东大会"三分之二支持率"、摊薄现有股东权益等因素的限制，恐怕很难做到。另外，2016年11月24日，格力的掌权人董明珠高调实行加薪制度，为手下七万员工全员加薪一千元。此项举措虽然使格力每年额外支出超过九亿元人民币，但此举确实收买了人心，也变相使公司可分配利润降低，颇有反收购措施中"焦土战术"的感觉。

在宝能系"野蛮入侵"的行为背后，凸显的问题是杠杆收购引起的潜在风险。换句话说，宝能系只是拿他人的钱"做游戏"，推动了股市波动。正是由于这个原因，才有人相继指出万科股价下跌可能会引起宝能系爆仓。

2016年11月，由中国财富管理50人论坛、清华大学国家金融研究院发布的《规范杠杆收购，促进经济结构调整》报告称："宝能系组织了银行、证券、保险、信托各方面的资金，借入资金和自有资金之比即杠杆率高达4.2倍。"关于"宝能系购买格力股票的资金来源"问题，答案是显而易见的，宝能系绝不会只用自己的钱。

不可否认，宝能系用数以万亿元计的保险资金、券商资管、基金子公司资金等资金，连续几个月内实行密集收购活动从而带热了市场，但这并不能代表监管层乐于看到这种"金钱游戏"。

在宝能系"野蛮入侵"这件事上，保监会和中国证监会的步调几乎一致。2016年12月5日开始，保监会采取了一系列举措，不仅要求前海人寿暂停万能险新业务，还安排检查组入驻前海人寿和恒大人寿，随后恒大人寿委托股票投资业务也被暂停。

种种严厉的措施，虽然尚且不至于让人身陷牢狱，但这场狂风已然将证券资产管理领域的监管大旗吹向了另一个方向。

无论是"宝万大战"，还是宝能系和格力之间的较量，其实人们关注的重点并不仅仅在于孰是孰非、谁违法了、谁没有违法，而是中国的金融监管该走向何方。金融监管也并不一定是管理越严越好、制度条文越明细越好，监管也不仅仅是完全按照法条执行就最好。金融监管存在的意义就是为金融业的发展提供服务，并使之不断产生创新。

【"宝万大战"大事记】

2015年7月10日，宝能系旗下的前海人寿购入万科股票552727926股，"宝万大战"拉开序幕。

2015年7月24日，宝能系旗下的前海人寿和钜盛华大量买入万科股票，持股份额达到10%。同日，万科表达了希望华润集团加大持股的意愿。

2015年8月14日，华润集团并未对万科此前提出的增持请求做出回应，万科CEO郁亮于董事会上提出了增发股票的想法。

2015年8月20日，华润集团否决了万科管理层拟定向增发20%H股的议案，他们认为"发行H股会导致华润的权益被摊薄，万科对华润的业绩贡献度会下降"。

2015年8月26日，前海人寿、钜盛华继续增持万科股票，宝能系所持股份已占到15.04%，超过了华润集团。

2015年9月4日，不愿第一股东之位花落别家的华润集团通过在8月31日和9月1日两次增持万科股份，耗资4.97亿元，使持股比例达到15.29%，超过了宝能系，重回"万科第一股东"之位。

2015年12月4日，宝能系所持万科股份达到20.008%，万科易主。

2015年12月11日，许多专业人士及媒体就宝能系多次举牌万科的资金来源进行分析，曝光了宝能系杠杆资金的来源问题。

2015年12月17日，万科董事局主席王石表示："不欢迎宝能系成为万科第一大股东"。由此，"宝万之战"被推向舆论高潮。同日，安邦保险增持万科股份1.5亿股。

2015年12月18日，宝能系通过官方网站发布声明，称集团并未做出违反法律之事，"相信市场力量"。同日，安邦保险再度增持万科股份2287万股，安邦保险在万科股份中占比达到7.01%。当天开市一小时内，万科股价涨停，中午时分，万科提出"有重大资产重组及收购资产"的理由，促使万科A股临时停牌，万科H股同时停牌。

2015年12月24日，宝能系持股比例达到24.26%。

2016年1月4日，万科发布公告，声明停牌之后，关于公司重大资产重组事项的工作在正常进行，并取得了一定进展。

2016年1月6日，万科H股复牌低开11.354%。截止到2016年1月11日收盘，万科H股跌10.65%，复牌后累积跌23%。

2016年3月12日上午，万科和深铁集团签订战略合作备忘录。

2016年3月18日，华润集团称万科管理层未经董事会讨论，擅自决定与深铁集团合作，并提出"华润派驻万科的董事已经向有关监管部门反映了相关意见，要求万科经营依法合规"，深铁集团引进万科的计划搁浅。

2016年6月17日，当天下午，万科第十七届董事会第十一次会议于深圳总部举行，围绕万科与深铁集团的重组预案（即万科发行股份购买深铁集团资产）展开讨论。此次会议投票结果是7票赞成、3票反对（由华润集团3名董事投出）、1票弃权（万科独立董事张利平时任黑石集团大中华区主席，由于黑石集团与万科之间存在利益关系，因此选择回避表决），万科与深铁集团的重组预案高票通过。

2016年6月18日，华润集团公开质疑决议通过的合法性，并表示："本次万科管理层提交的重组预案不是最理想的建议，方案不能均衡反映股东诉求和利益。因此，如果万科不重新审视重组预案存在的问题，在未来的董事会或股东大会上提出相同的方案进行表决，华润将会继续投反对票，以维护全体股东和广大投资者的利益。"

2016年6月26日，宝能系要求罢免包括王石在内的万科董事会的部分成员，并要求召开临时股东大会。

2016年6月27日，万科召开股东大会，华润集团与宝能系站在同一战线，共同对万科2015年度董事会、监事会报告投出反对票。

2016年6月30日，华润集团改变态度，表示"会从有利于公司发展的角度，考虑未来董事会、监事会的改组"。

2016年7月1日，万科召开董事会，通过了"关于不同意深圳市钜盛华股份有限公司及前海人寿保险股份有限公司提请召开2016年第二次临时股东大会的议案"。

2016年7月4日，万科A股复牌。次日，宝能系加持万科股票75293000股。至此，宝能系手中掌握的万科股份总和达到24.972%。

2016年7月14日，万科引入黑石集团，风向开始向王石方面靠拢。

第三章
宝能系：霸道总裁式"野蛮入侵"

2016年7月18日到19日，万科就资管计划违法违规问题，向中国证券监督管理委员会、中国证券投资基金业协会、深圳证券交易所、中国证券监督管理委员会深圳监管局提交了《关于提请查处钜盛华及其控制的相关资管计划违法违规行为的报告》，列举了2015年6月份以后宝能系资管计划存在的问题。

2016年8月4日，恒大集团买入万科4.68%的股份。

2016年11月17日，恒大集团增持万科股票，掌握万科9.452%的股份，达到举牌标准。

2016年11月23日，万科发布公告称，恒大集团及旗下九家公司分别于2016年8月12日至8月22日、11月9日至11月22日之间，由深圳证券交易所集中竞价交易系统买入万科股份551955456股，占据万科5.00%的股份。

2016年11月29日，恒大集团发布公告，称其所持万科股票约有15.53亿股，占万科股本总额约14.07%。

2016年12月5日，监管部门出手，保监会要求前海人寿暂停万能险新业务。

2016年12月9日，恒大人寿委托股票投资业务也被保监会暂停，其公司也被勒令整改。

2016年12月18日，万科正式发公告终止与深铁集团的重组。

2017年1月12日，华润开始考虑万科股份转让事项。华润将所持万科股份转让，退出这场纷争，深铁集团接盘。

2017年2月24日，中国保监会公布了对前海人寿有关违法案件的行政处罚，给予前海人寿及相关责任人员警告、罚款、撤销任职资格及行业禁入等处罚措施。

2017年6月9日，恒大做出和华润一样的选择，将所持的15.5亿股

105

万科股份转让给深铁集团，深铁集团以 32.4 亿股持股成为万科第一大股东。

2017 年 6 月 21 日，万科公布新一届候选董事会名单，王石退出，郁亮接棒。而作为万科第二大股东的宝能系态度消极，没有进入董事会。新一届董事会形成，万科以一种新的股权构成模式开始了新的征程，股权之争终于落下帷幕。

【案例研究】宝能系与万科：
保险资金该不该对上市公司举牌

"宝万大战"如火如荼，先后经历了宝能系斥资成为万科股东、宝能系稳坐万科第一股东之位，再到华润增持、深铁集团深陷其中，又至华润"因利反目"，万科管理层可以说是"多灾多难"。对于宝能系的"野蛮入侵"，万科的态度由最初的欢迎到后期的"驱逐"，再到无力反抗后的"无奈"，然后到监管层插手后的欣喜……这一系列态度的转变伴随着万科股权争夺战局势的改变，参与其中的众多成员在市场轨道内摩拳擦掌，拼尽全力角逐自己的市场。

众多力量的加盟，使万科的股权争夺战成为中国金融史和中国企业并购重组历史上最浓墨重彩的一笔，同时也可能是打开中国上市公司股权变更信息公开大门的钥匙。在必须由中国证监会出马，对内幕交易、暗箱操作等行为"明察暗访"才能曝光的资本市场中，如此"明目张胆"发生在大众眼皮子底下的股权争夺战并不多见。

在"宝万大战"的背后，是我们不可以忽视的保险费用进入资本市场的问题。

第三章
宝能系：霸道总裁式"野蛮入侵"

从2015年开始，保险费用规模进入激增时期，成本同时攀升，许多压力落在了保险资金配置上，促使其投资视角发生转变，定格在权益类相关资产上。2016年12月4日，"七大保险系资金在A股投资"的文件获得了很多人的高度关注，尤其是资本市场中的人以及广大股民。

事实上，以2013年为分割线，在此之前保费就是"普普通通的保费"，在此之后，安邦保险、生命人寿等保险公司已然开始尝试举牌上市公司，从浅尝辄止到越陷越深，涉及了地产行业龙头企业，低估值蓝筹股是其主要增持对象。中信证券的一项研究结果显示，在大地产、大蓝筹等企业中，保险资金的持股比例的最低值（市场平均值）由2011年年初的1.4%攀升至2016年年初的11.5%。

截止到2016年11月底，被保险资金举牌投资的上市公司已经超过100家。保险资金大肆举牌上市公司的现象，在中国金融史上颇为罕见。

2016年12月3日，险资举牌上市公司回归大众视野。据新华社2016年12月4日发布的一篇名为《前海人寿：持有格力电器股份未达5%尚无参与公司经营管理计划》的报道显示："'宝能系'旗下前海人寿3日晚间答复深交所函询，表示公司及一致行动人在格力电器拥有权益的股份未达到已发行股份的5%，目前并没有参与格力电器日常经营管理的计划。……对于近期大幅增持格力电器股票，前海人寿表示，这是由于公司认可并看好格力电器未来发展前景及投资价值，希望通过投资格力电器股份获得投资收益，实现保险资金的保值增值，近期增持与前期投资格力电器股份的目的没有发生实质性变化，目前并没有参与格力电器日常经营管理的计划。"

事实上，前海人寿此次表态的内容，也是"资金荒"背景下许多保险资金投资上市公司的原因。

资金围绕在稳定、具有高成长性的上市公司上，其实是无可厚非的，同时也是资本市场走向成熟的标志之一。但这并不意味着资本应该凭借

"财大气粗"的优势强行介入上市公司,这种"野蛮入侵"的方式,会引起资本与企业间的矛盾,会对战略整合以及企业经营造成影响,甚至导致资金"脱实向虚"的现象。

2016年12月5日,新华社发表的一篇名为《聚焦保险资金举牌上市公司三大焦点》的文章写道:"中国保险资产管理业协会执行副会长兼秘书长曹德云表示,2015年以来,低利率环境持续,固定收益类资产投资收益率大幅下降,而保费规模持续快速增长,成本居高不下,使保险资金配置承受较大压力,客观上促使其将投资视角转向权益类相关资产。

"而从险资选择的投资标的来看,多为低估值大盘蓝筹股,普遍具有良好发展前景,分红率较高,能提供较好的现金流,从长期投资价值角度也具备较大吸引力。"

从资金链的角度来看,险资举牌能够促使资本市场发生根本改变,从而引导非保险中小金融机构以及个人投资的风向。但不可忽视的是,保险资金作为资本市场的重要一环,如果仅仅集中于某只股票,不但会对某只股票造成影响,还可能波及资本市场的整体走势。

尤其是当一些保险机构采用比较激进的方式发展自身业务时,可能会给保险业、险资举牌、资本市场三方面造成负面影响。如果不能及时处理,还可能会波及个人投资者的利益。从监管部门对杠杆资金一事提出警示就可见一斑。A股市场中有保险资金入驻的上市公司在经历股价大增后,纷纷开始出现股价下跌的现象,这种股价"天上地下"的差距,从侧面反映了部分保险资金确实有可能对市场产生不良影响。

实际上,监管层也并非针对宝能系,在前海人寿被处罚之前,已经有部分险资举牌现象引起了监管部门的注意。与此同时,有人开始就保险资金等杠杆资金的投资炒作问题进行研究,认为该事件会对实体经济造成影响。保险资金入驻上市企业多是为了实现收益,也就是"低买高卖",这样的做法的确能够让一部分人获利，但最终受影响的可能还是小股民。2016年12月3日，格力电器董事长董明珠在参加第十六届中国经济论坛期间接受采访时称，希望投资者不要依赖于资本运作获得暴利，而应该将目光放在实体经济上，不要成为破坏中国市场的人。

恒大人寿此前也有过在投资中"快进快出"的行为，监管部门也曾明确表示"不支持保险资金炒作股票"。此番"宝万大战"中，保险资金屡次在资本市场掀起风浪，多次举牌上市公司，且保持"穷追猛打"的状态，也让大众看到，保险资金所到之处所引发的市场骚动。

总之，险资举牌虽然在资本市场占据重要地位，但"水可载舟，亦可覆舟"，如何对其善加利用是值得资本市场和监管层思考的问题。保险机构根据监管部门的要求，以合理的方式将自己的资产用以投资，本身是一件能够推动资本市场发展，同时又能监督上市公司发展的双赢做法。但问题就出在部分机构选择以"野蛮入侵"的方式横冲直撞，导致上市公司原有的股权结构支离破碎。

从根本意义上来看，险资举牌本身有其既定规律，而如今很多保险资金盲目跟风的做法，导致被举牌的上市公司股价出现波动，对金融市场造成了致命打击。这种情况无疑是给监管部门出了一道难题。要化解资本市场、险资举牌、上市企业之间的矛盾，就必须制定相应的规则，对各项指标做出相应规定，完善管理制度。在这一点上，监管部门应该早日实现联合监管，保监会也应加速出台相关政策，从根本上严格防控险资举牌出现的问题。

事实上，险资举牌这种事情不是中国特有的，国外也有很多类似的事件。但在国外，遇到大户持仓，也就是大量资金集中操作时，企业可以要求对方主动披露相关信息，这一方面可以使投资者及时了解最新的情况，另一方面保障了市场稳定。国内市场其实也可以参照这类做法，建立相关的信息披露制度，一旦出现大量资金集中操作的情况，使各界能够及时获取相关信息，避免造成不必要的恐慌和经济风波。同时政策上的完善，能够促使大众回归理性投资，远离"报复性"投资。

从监管部门惩治前海人寿等机构可以看出，监管层已经对此给予了高度重视。不久的将来，相关的政策和法律必然能够愈发完善。届时，我们将会看到一个能够解决上市企业资金问题，同时没有"野蛮入侵"现象的资本市场。

【东风徐来】监管层强化重组监管的正确打开方式

在沸沸扬扬的"宝万大战"中，中国证监会的作用不容小觑，甚至说中国证监会决定了"宝万大战"的走向都不为过。

2016年6月3日，中国证监会召开新闻发布会，以回应当时的市场热点问题。关于"上市公司未能兑现并购重组业绩承诺"一事，新闻发言人张晓军认为："中国证监会已关注到有关报道，上市公司及有关方面兑现并购重组业绩承诺受到现实多方面影响，中国证监会重点关注了上市公司去年并购重组业绩承诺的履行及信息披露的合规情况，中国证监会将强化并购重组业绩承诺披露要求，切实保障投资者合法权益。"

新闻发布会召开前后，中国证监会正在修订《证券期货经营机构落实资产管理业务"八条底线"禁止行为细则》，该细则将进一步明确相关人员及机构的职责，对提高业内行为规范有积极影响。该细则的出现也表明了监管层的态度：凡是违反证券法、对市场造成破坏的行为，都与监管层的意愿背道而驰，将被严厉打击。另外，监管层也会对内幕交易、信息披露不全面等违背市场准则的做法进行严格监管,一旦发现失当行为便依法进行严厉处罚。

这个新闻发布会召开三个月之后,即2016年9月,证监会修订了《上市公司重大资产重组管理办法》,对企业重组的监管更加严格。日趋严格的监管政策让许多企业在选择重组时更加慎重。

2016年12月16日,中国证监会再发新规,公布了《证券期货投资者适当性管理办法》(以下简称《办法》)。《办法》明确了以企业、个人等为主的投资方在金融投资时必须要遵守的行为准则。对于我国资本市场而言,《办法》是一项重要的制度,它的出现具有跨时代的意义,可以称之为规范证券市场的"母法",为我国资本市场长足稳定发展提供了法律依据和保障。

在《办法》中,有几点内容需要特别关注:

其一,《办法》展现了监管层的职责,对于普通投资者的保护力度已经加强。在加强对普通投资者的保护力度上,《办法》做了以下两点:

一是投资者分类。《办法》依据投资者获取信息、投资目标、风险认知、专业水平、风险承受能力五方面,把投资者分为两大类:普通投资者、专业投资者。当然,这项划分并不是长期有效的,在一定条件下,两者之间可能会发生转换。同时,《办法》允许经营机构在其框架下,对投资者进一步细分。

二是对投资者实行全方位保护。《办法》将矛头针对信息告知、风险警示、适当性匹配等问题,在以上几点给予普通投资者保护。对于专业投资者,《办法》则豁免了经营机构部分适当性义务。除此之外,《办法》还说明了关于"经营机构与普通投资者纠纷"的处理方式,即经营机构需提供相关信息,证明其确实履行了应尽的义务。

其二,设置了产品分级制度,让投资者更加了解资本市场行情以及产品的风险。

《办法》第十八条指出:"经营机构应当根据产品或者服务的不同风险等级,对其适合销售产品或者提供服务的投资者类型做出判断,根据投资者的不同分类,对其适合购买的产品或者接受的服务做出判断。"也就是说,投资理财产品将会根据风险等级进行划分,这无疑也给投资者吃下了一颗定心丸。

其三,明确买卖双方责任。

《办法》的第二十八条和第三十三条分别指出:"对在委托销售中违反适当性义务的行为,委托销售机构和受托销售机构应当依法承担相应法律责任,并在委托销售合同中予以明确。""投资者购买产品或者接受服务,按规定需要提供信息的,所提供的信息应当真实、准确、完整。投资者根据本办法第六条规定所提供的信息发生重要变化、可能影响其分类的,应当及时告知经营机构。投资者不按照规定提供相关信息,提供信息不真实、不准确、不完整的,应当依法承担相应法律责任,经营机构应当告知其后果,并拒绝向其销售产品或者提供服务。"由此可见,《办法》明确了买卖双方所承担的责任,同时也对其义务做出规范,对保障资本市场发展具有极高的意义。

总体而言,《办法》能够为投资者进入资本市场的过程保驾护航,支撑起第一道防线。对保护投资者相关权益有重要意义,同时也影响着经营机构服务能力上升,是一项惠及万家的法律法规。作为资本市场的"母法",《办法》的实施将促进我国资本市场良性发展,对证券期货市场健康发展带来积极影响。

《办法》出台后,监管部门并未停下完善市场监管制度的脚步,2017年2月17日,证监会再一次发布新规:《关于引导规范上市公司融资行为的监管要求》,进一步限制上市公司的融资规模和时间间隔。

同年5月27日，证监会又发布《上市公司股东、董监高减持股份的若干规定》，增加了发行股份购买资产交易的难度。证监会一系列新规的出台，在一定程度上使中国企业并购重组的热情有所下降，日益完善的监管制度在很大程度上挤压了市场的泡沫，使市场开始逐步回归理性。

中国证监会拥有监管全国证券期货市场的权利，也有保障证券期货市场秩序，使其良性发展、不断创新的义务。其出台的各项政策是为了给企业创造一个公平、安定的市场环境，为中国经济的发展保驾护航。中国证监会如果能够严格控制资本市场的局面，相信一定能够打造一个氛围良好的股市，从而激发市场活力。

2017年12月18日至20日，中央经济工作会议在北京召开，会议上提出要"营造支持民营企业发展的良好环境，深化国企、财政金融等改革"。中国证监会等有关的监管部门任重而道远。

第四章
顺丰：一腔"轴"劲上了市

2017年2月24日，原鼎泰新材正式更名为顺丰控股股份有限公司（以下简称"顺丰"），并以雷霆之势在深交所敲钟上市，顺丰总裁王卫也因此成为镁光灯下的焦点人物。次日，向来低调的王卫和他经营的顺丰公司占据了一整天的头条，并在之后的几天时间内，持续发酵。

截至收盘当日，顺丰以2310亿元的总市值超越万科A股、美的等各股，以每股55.21元的绝对优势占据了深市总市值的榜首。随着顺丰市值的飞涨，王卫个人身价也在随之猛涨。在2016年的"胡润百富榜"中，王健林家族以2050亿元夺得榜首，马化腾则以1650亿元位列第三，而王卫的身价已达到1640亿元，与马化腾只差10亿之遥。此外，还有媒体称，王卫距离中国首富的宝座只差5个涨停板。

顺丰上市之后的崛起，是众人意料之中的一匹黑马。我们现在就来深挖一下王卫和他的顺丰是怎么一步步迈向上市的。

顺丰当家人有多"轴"

深圳明德控股发展有限公司（以下简称"明德控股"）的法人代表王卫持有该公司99.9%的股份，在顺丰41.84亿股的总股本中，明德控股占比64.58%，所以王卫的身价一夜暴涨也并非偶然。

顺丰，在快递行业可谓是翘楚，但王卫远不如顺丰广为人知。即使在无所不知的网络上，也很难搜索到王卫的生活照，即便可以侥幸找到一张，也是主人公穿着蓝色牛仔衬衣，身后打着顺丰的Logo，显而易见是一张官方宣传照；在各大媒体的镜头中，也很难看到王卫的身影。可以说，王卫是一个低调到让人忽视的存在，他处事低调，极少接受采访，但是网络上关于他的各种传说却从未间断过。

马云，阿里巴巴集团的掌舵人，最佩服的就是顺丰的创始人——王卫。其实，王卫身上的标签远不止于此，花旗银行开出1000万天价的中介费，只为求得和王卫合作的机会；VC（Venture Caoital，风险投资）和PE（Private Equity，私募股权投资）争前恐后，花费50万元只为与王卫共进晚餐；就连一些狗仔队也把王卫位列明星级别，为一睹他的真容竟然可以连续卧底数月。这使得本就神龙见首不见尾的王卫，显得更加神秘莫测。

除了这些标签，王卫本人还有一个更大的标签——"轴"。在王卫取得如此大的成功背后，最大的功臣恐怕就是这股"轴"劲了。

王卫极少在公共场合说起创业初期的艰辛，但是即使被称为最会挣钱的马云和王健林，也在创业道路上披荆斩棘，才取得今日的成就，相信王卫所遭遇的困难也绝不会比任何一个成功人士少。

第四章
顺丰：一腔"轴"劲上了市

王卫的人生经历很是坎坷。1976年，王卫跟随父母从内地移居到香港，当时他们的情况可谓是一穷二白，家徒四壁。又因为父母在内地的学历不被香港所认可，工作没有着落，全家人迫于生活的压力，开始替别人打工，挣着微薄的收入。因为家庭的这种状况，王卫高中毕业之后没有选择继续升学，开始在叔叔的手下打工，此后又踏上了创业的艰难旅途。

年仅22岁的王卫，就一手创办了顺丰，经过三年的拼搏奋斗，顺丰已经初具规模。也正是因为顺丰崭露头角，王卫赚得了人生中的第一桶金。从小因为贫穷而备受歧视的王卫，可谓是扬眉吐气，"我当时是一副标准的暴发户做派，目空一切，恨不得告诉全世界，我也是有钱人了！"

但是王卫之后并没有一味地扩张企业，牟取暴利，在膨胀之后他开始信仰佛教，"管你权力多大、财富多少，很多东西你都掌控不了"。也正是因为如此，王卫为人处事便越发低调，但是这也并没有磨灭其本身所具有的"轴"劲，让王卫意想不到的是，他的这种"轴"劲成为各大媒体的头条新闻。

在2013年之前，顺丰从不曾接受过任何资本的渗透，宁愿9次抵押贷款，也不愿融资；即使是在2008年金融危机时，面对即将倒闭的命运，也不曾妥协。许多人不理解王卫的做法，而面对众多的不理解和质疑，王卫只说了一句话："战死，好过做俘虏。"

2016年4月，顺风快递员剐蹭轿车事件，闹得沸沸扬扬，可谓是满城风雨，王卫更是在朋友圈明确放言："如果这事我不追究到底，我不配再做顺丰总裁。"王卫的挺身而出，不仅是因为对快递员的怜惜，更是与他早年的艰辛经历和他本身的"轴"性有关。

有很多人将王卫的成功归功于他的努力和经商头脑，其实不然，为王卫的事业立下汗马功劳的是他的那股"轴"劲。不管是事业低谷时期，拒绝行业龙头的收购；还是为了企业的良好发展，剪除加盟商做到强干弱枝，却险招来杀身之祸；抑或是在O2O领域惨遭滑铁卢，仍然坚持与阿里分庭抗礼。面对一次次的威胁和困难，是王卫的"轴"劲支持着他和顺丰一路坚持到现在。

在2017年2月24日，顺丰的上市也正是因为王卫的这股"轴"劲。

曾称"不上市"的顺丰缘何借壳上市

2016年5月23日，A股上市公司鼎泰新材公开发布，计划以全部资产和负债与顺丰股东所持有的顺丰100%的股权进行等值部分置换。鼎泰新材作价8亿元，顺丰则作价433亿元。此外，根据公告透露的消息所知，在此次的重大资产重组中，计划募集配套资金将不会超过80亿元。

2016年10月11日，证监会并购重组委发布2016年第75次会议审核结果的公告中，马鞍山鼎泰稀土新材料股份有限公司获有条件通过，这个结果意味着顺丰借壳鼎泰新材登陆A股市场的计划已经启动。

2017年2月23日，顺丰借壳鼎泰新材正式在深交所敲钟上市。

其实，在近两年内，各大快递公司均踏上了上市的道路。但是为何顺丰的借壳上市，却在市场中备受议论呢？

2011年，顺风的掌舵人王卫罕见地接受了媒体的采访。在采访中，王卫对媒体公开表示："上市无非是获得企业发展所需的资金。顺丰也缺钱，但顺丰不能为了钱而上市。上市后，企业将变成一个赚钱机器，每天股价的变动都牵动企业的神经，对企业管理层的管理极为不利。"

作为不上市公司的代表之一，无数企业家都认为王卫会坚持走不上市的发展道路。没想到，2017年2月24日深交所的钟声响起，人们才如梦初醒——顺丰，这个曾扬言不上市的公司，当真上市了，甚至连 IPO（Initial Public Offerings，首次公开募股）都等不及，选择了以 433 亿人民币借壳上市。

那么，是什么让王卫和他的顺丰改变了最初的意愿呢？

1. 顺丰想要更进一步地发展，就不能任由"快递第一股"花落他家，否则对顺丰以后的发展必然会产生不小的影响。

圆通、中通和申通纷纷上市，在一定程度上刺激了顺丰。如今，我国的快递业务量已经占据全球首位。2015 年的有关数据显示，中国快递市场的业务量和业务收入的涨幅分别是上年的 48% 和 35.4%，业务量达到 206.67 亿件，业务收入则高达 2769.60 亿元。除此之外，快递上游产业不断转型升级，农业、制造业、其他服务业等行业也逐渐与快递接轨，快递上游的需求空间持续扩大。

此外，根据《国务院关于促进快递业发展的若干意见》（国发［2015］61 号）提出的发展目标，截至 2020 年，保持我国快递市场全球第一的位置，快递年业务总量与年业务收入分别要达到 500 亿件和 8000 亿元。

2. 中国快递行业的暴利时代已然成为过往。

据国家邮政局发布的数据显示，截至 2016 年，我国快递行业业务量的增长结束了之前连续 4 年 50% 的增速，同比增长为 34%。快递业务量的增速与快递件均收入成反比例，业务量上涨，件均收入降低。

3. 快递公司上市已成发展的主流。

2015 年，证监会在官网上披露了德邦物流的《首次公开发行 A 股股票招股说明书》，这一举动仿佛确定了快递第一股。但是，就在次日，证监会忽然宣布暂停 IPO，德邦物流"快递第一股"的美梦就此破灭。2016 年 10 月 21 日，圆通快递借壳大连大杨创世股份有限公司上市，成为中国第一家登陆 A 股的快递公司。2016 年 10 月 27 日，中通快递在美国纽交所上市，成为首个赴美上市的中国快递企业。2016年12月30日，申通快递借壳艾迪西正式登陆A股。

4.之前称"不差钱"的顺丰，也开始囊中羞涩。

与同行业相比，顺风也算是家大业大了，但是为了确保行业的地位和竞争优势，必须要保证资金的充裕。顺丰之前一直大刀阔斧地投资黑客，购买无人机和货运司机，都在烧着大量的钱。

2013年，宣称不上市的顺丰让出股权，引进苏州元禾控股有限公司、招商局集团有限公司、中信资本控股有限公司和古玉资本管理有限公司四个合伙人。根据顺丰此举，不难发现，即使有钱如顺丰，面对如此大规模的持续烧钱行为，其对资本的态度也有了微妙的转变。退一步讲，因为顺丰家大业大，不差钱，它上市的目的，就是建立一个护城河，保护自己权利的同时，还可以防止对手的入侵。

所以说，面对着越来越激烈的行业竞争，顺丰想要寻求一个避风港也无可厚非。京东的自建仓库、阿里的菜鸟物流，这些在无形中都对顺丰造成了压力。面对白热化的竞争，顺丰必须要有所反击，更遑论快递件均收入持续稀释。所以，顺丰的上市也并非意气用事。

对于顺丰的估值，业内是持有两种算法的，一种是以利润的8～25倍进行估算，不过这一算法并没有得到顺丰的承认；另一种则是以营业收入的3～5倍进行估算。以2015年数据计算，顺丰营业收入为257亿，其估值约为1000亿人民币。

顺丰借壳鼎泰新材上市，就像是一滴水掉进了油锅中，顿时炸开了。那么，顺丰是如何一步步走向上市的呢？

在此次的交易方案中，包含着重大资产置换、发行股份购买资产与募集配套资金三个条件。

重大资产置换的主要内容：鼎泰新材截至拟置出资产评估基准日，

全部资产与负债均和顺丰全部股东所持有的顺丰100%股权进行等值部分置换。

鼎泰新材以2015年12月31日作为置出资产评估基准日,其置出资产预估值为8.1亿元,拟购买资产顺丰控股100%股权的预估值为448亿元。2016年5月3日,顺丰召开股东大会,大会决定以现金分红15亿元。根据《重大资产置换及发行股份购买资产协议》,经交易各方协商,此次交易置出资产初步作价为8亿元。

发行股份购买资产的主要内容:此次交易中,计划置出资产初步作价为8亿元,计划置入资产初步作价为433亿元,二者相差425亿元,这个差额以发行股份的方式自顺丰控股全体股东处购买。其中发行价格不得低于定价基准日前60个交易日股票均价的90%,为21.66元/股。

2016年5月17日,审议通过《关于2015年度利润分配预案的议案》,经除权、除息调整后,此次购买资产的股份发行价格为10.76元/股,拟发行股份数量约为394981.41万股。

募集配套资金的主要内容:配套融资发行股份的价格不得低于定价基准日前20个交易日公司股票交易均价的90%,即经除权、除息调整后,公司股票交易价不得少于11.03元/股。

在本次交易完成后,王卫便成为上市公司的实际掌权人,其中拟购买资产的资产总额与交易金额孰高值为4330000.00万元,占2015年末上市公司资产总额88541.15万元的比例为4890.38%,超过100%。《上市公司重大资产重组管理办法》第十三条规定,本次交易构成借壳上市,需提交中国证监会上市公司并购重组审核委员会审核并经中国证监会核准后方可实施。

险被宅急送收购的"黑历史"

顺丰上市,仿佛证明了王卫的成功。但是,鲜为人知的是和王卫本人一样,顺丰也曾在发展成长的过程中,走过岔路——险些被宅急送收购。

顺丰仅比宅急送早成立一年,但是所遭遇的挫折和宅急送不相上下。这两者可以说得上是有极深的渊源。

民营快递企业发展初期,没有哪一个公司可以"独霸江山"。顺丰与宅急送成立之时,快递行业还是一片大好蓝图,快递高端市场由邮政EMS占领,但是个人快递业务市场尚未开发,所以顺丰与宅急送等快递公司成为中国第一批快递企业,并在各自区域有着无法估量的发展前景。

2003年以后,电子商务席卷全国,在此带动下,民营快递行业踏上了急速发展的列车。"南有顺丰、北有宅急送"一时间传遍大江南北,家喻户晓。

2007年,宅急送的业务营业额就高达13亿元,成为快递业实至名归的老大。当时《南方周末》曾报道过一篇新闻,其主要内容是宅急送创始人陈平曾南下与王卫商谈,欲收购顺丰,却没有想到被王卫一口回绝。

为什么陈平要亲自南下,收购顺丰呢?这并非是陈平的冲动之举。陈平此时正在撒大网捞大鱼,他认为未来的电商件和小件快递将会占据快递行业的半壁江山。为了为未来发展奠定一个良好的基础,陈平对宅急送进行了大刀阔斧的改革,将发展重点转向了小件快递业务,希望借此可以打通全国的快递市场,成为快递行业的"第一人"。

但理想和现实之间还是存在差异。之后的改革中,陈平投入了太多的人力与物力，却没有达到他想要的预期效果。当时的C2C市场，并没有成为时代热潮，只是崭露头角而已。

直至2009年，电子商务才开始迎来爆发式的大增长，小件业务才成为快递主流，"三通一达"和顺丰审时度势，依靠淘宝电商迅速崛起，成为快递行业最大的赢家。至此，电商风发泉涌，发展之势锐不可当。

有关数据显示，2014年，我国快递业务量达140亿件，同比增长52%，位居世界第一；2016年，我国快递业务量再一次被刷新，高达300亿件。

顺丰在圆通诞生之前，尝试了采用加盟模式的快递公司。在加盟模式的推动下，顺丰以不可置信的势头疯狂扩张。祸兮福所倚，福兮祸所伏，虽然加盟模式让顺丰获取了更多的利润，但是也为顺丰带来了不小的麻烦。所以，王卫当机立断，决定撤销加盟模式，强制推广直营策略。

几度涨停，顺丰当家人成全球富豪榜黑马

顺丰上市之后，股市连续涨停，迅速成为深交所的股市第一位，顺丰以41.8亿元的净利润撑起了2480亿的市值，市盈率高达59.33倍。

有数据显示，顺丰2016年实现营运收入574.83亿元，同比增长21.51%；归母净利（即归属于母公司的净利润）41.80亿元，同比增长112.51%；扣非后归母净利润（即扣除非经常性损益后的母公司的净利润）26.43元，同比增长62.80%。2016年公司核心速运业务实现快递业务量25.80亿件，同比增长31%。

2017年2月28日，顺丰控股再度涨停封板，报收价66.80元/股。以

当日收盘价计算，顺丰控股市值已达 2794.70 亿元，位居深市之首。而其掌门人王卫的身价也随之涨至 1804.94 亿元。

这个身价使王卫超过腾讯控股的马化腾，跻身中国富豪榜第三的位置。当时，腾讯控股市值约为 1.73 万亿元人民币，是顺丰控股市值的 6 倍。

顺丰上市之后，王卫的身价也是不断飙升。2017 年 3 月 1 日，顺丰控股开盘再度涨停，在当日收盘时，突然打开涨停板，快速跳水。3 月 22 日，顺丰收盘时市值降至 2480 亿元，即使是这个数字，也超过了申通、圆通和韵达三家 A 股市值的总值。当时的众多财经媒体争相报道王卫极有可能冲击中国首富宝座。

顺丰在控股上市后第四个涨停板，报收价为 73.48 元 / 股，顺丰控股总市值已超 3000 亿元大关。

顺丰控股市值飞涨，随之而来的便是王卫的身价也在飞涨。顺丰控股的董事长兼总经理王卫持有明德控股 99.9% 的股份。截至 2017 年 3 月 1 日，王卫的身价已超过 1985 亿元。

不过随着涨停板的打开，王卫奔向中国首富的步伐还需要减速。顺丰借壳上市之后，其总股本为 41.84 亿股，流通股仅为 1.33 亿股，且多数流通股都掌握在机构或者大户投资者手中。在短期内，顺丰很难再一次实现连续涨停。

在经历了五次涨停之后，顺丰控股出现了下跌趋势。纵观 2017 年一整年，顺丰控股有涨有跌，但市值一直稳居中国快递行业榜首。根据"2017 胡润百富榜"公布的中国榜单排名情况，王卫以 1500 亿元人民币的资产顺利进入榜单前十，成为中国第六大富豪。

【顺丰上市大事记】

2015 年 12 月 31 日，鼎泰新材以该日期作为置出资产评估基准日，其置出资产预估值为 8.1 亿元，拟购买资产顺丰控股 100% 股权的预估值高达 448 亿元。

2016 年 2 月 18 日，一向称"不上市"的顺丰，发布《上市辅导公告》，拟在国内证券市场进行 IPO。但随后顺丰便改变了 IPO 计划，转向借壳上市。

2016 年 5 月 30 日，顺丰召开股东大会，决定以现金分红 15 亿元。经交易各方协商，此次交易置出资产初步作价为 8 亿元。

2016 年 5 月 23 日，A 股上市公司鼎泰新材公开发布，与顺丰进行部分股权等值置换。

2016 年 5 月 31 日复牌至 2016 年 6 月 21 日，鼎泰新材股价连续 12 个交易日涨停。

2016 年 6 月 16 日，证监会就《上市公司重大资产重组办法》征求意见，在严查借壳上市的局面下，顺丰对重组方案进行了两次调整与修改。

2016 年 7 月，顺丰宣布剥离旗下合丰小贷、乐丰保理和顺诚融资租赁资产三者价值约为 7.96 亿元 100% 的股权。

2016 年 9 月，鼎泰新材再一次发布公告，顺丰再一次剥离其持有的中顺易与共赢基金的全部资产。

2016 年 10 月 11 日，证监会并购重组委发布 2016 年第 75 次会议审核结果公告，马鞍山鼎泰稀土新材料股份有限公司获有条件通过。

2016年12月，王卫任上市公司总经理，完成置出资产。

2017年1月18日，顺丰完成过户手续以及相关的工商变更登记，基本完成资产重组。

2017年2月15日，《变更公司名称及证券简称》议案获得股东通过。

2017年2月24日，顺丰借壳鼎泰新材正式在深交所敲钟上市。

【案例研究】顺丰暴涨凸显监管空白

顺丰控股连拉5个涨停，市值遥遥领先，成为深市总市值榜首。2017年3月1日，顺丰控股市值2928亿元，而王卫的身价也超越了马化腾与马云，离中国首富王健林仅差一步之遥。

顺丰是两市（深市、沪市）罕见的"超高股价加上超低流通盘比例"的个股。那么，"超高股价加上超低流通盘比例"又是从何而来的呢？

2016年5月31日，原鼎泰新材公布了顺丰将借壳上市的预案，到6月30日，其股价便从15.16元瞬间涨为48元，一个月涨幅竟然高达317%，这个数据的变化可谓是"惊心动魄"。

仅从短期前景来看，顺丰股市的暴涨，为其自身带来了巨大收益，同时也为经济市场带来了热烈火爆的炒作热点。而当我们从长期角度来看，顺丰股市的暴涨当真只有益处吗？

其实，经济市场的发展，有盛就有衰。当我们站在中长期的发展角度来看，就可以看出顺丰埋藏着三大不可忽略的发展隐患。

1.在顺丰的股权结构中，实际掌权人王卫通过明德控股持有锁定三年的64.58%的股权，而其余参与股票增发的原顺丰股东嘉强顺风、招广投资、元禾顺风、顺达丰润、顺信丰合等共计持有 30% 的股权份额。

依照相关规定，这近 30% 的股权份额将会锁定一年。试想一下，大小非一旦解锁，不仅对顺丰产生巨大影响，更会对股市带来更大的冲击。而这些 3 年或是 1 年限制期的原顺丰股东增发价才 10.76 元，面对现在 70 元的股价，顺丰现有的这些流通股东又将"情何以堪"。

2. 顺丰完成股票增发的同时，其二级市场的股价已经达到了 40 元左右，但是其定向增发价仅为 10.76 元。那么是什么导致这两者之间价格差距的产生呢？

《上市公司重大资产重组管理办法》第四十五条规定：上市公司发行股份的价格不得低于市场参考价的 90%。按照发行股份购买资产的董事会决议公告日前 20 个交易日、60 个交易日或者 120 个交易日的公司股票交易均价之一定价。

所以，顺丰在提出董事会决议拟借壳鼎泰新材时，其当时股价也仅有十几元，增发价依照 9 折计算，自然会定价较低。证监会在春节后颁发了再融资新规，其中对定增募集资金的定价做了明确规定，必须以发行期首日的市场价作为参照。同时也再一次强调，"并购重组发行股份购买资产部分的定价继续执行《重组办法》的相关规定，即按照本次发行股份购买资产的董事会决议公告日前 20 个交易日、60 个交易日或者 120 个交易日的公司股票交易均价之一定价"。

3. 顺丰在借壳上市前，已经将分红约 15 亿元分配到各原始股东，其净资产账面值为 133 亿元，评估值为 455 亿元。

因此，顺丰以 433 亿元收购，这 300 亿元的溢价便是上市公司的商誉与信用值。虽然借此办法使首年盈利预测达标，但是之后的盈利预测又该怎么达标呢？如果顺丰在之后的几年中没有达标，那么这 300 亿元的商誉与信用值将会大幅度缩水。

申通快递成功上市,但是在 2016 年四季度报表中,就因盈利增长未曾达到预期目标,股价大跌 11%。申通快递由 2016 年 10 月底的 19.50 美元的发行价,跌至现在的 12.89 美元。

那么,从中可以发现快递行业监管方面的空白主要有三点。第一,对以小吃大的跨界并购一定要严格审核;第二,收紧股票定增,对发行股份注入资产的方法也需要进行严格的控制;第三,高溢价收购若达不到预期的盈利标准,不能仅仅补足利润部分,商誉的减值也需由利益的相关方一起承担。

【东风徐来】翻涌而来的快递业兼并整合潮

近年来,快递行业的各个企业都先后上市,这意味着快递行业的资本将愈发充足,这也为其后续的扩张提供了资金支持。在业界看来,快递行业的高速增长以及国家政策对快递行业的扶持,都为中小型快递企业争取了生存空间。但是这也并不意味着中小型快递企业的压力就会因此减小。

如今快递行业的竞争已经进入一个新阶段。在目前人力成本增长、价格竞争激烈、软硬件不断升级等导致快递利润不断收缩的压力之下,越来越多的中小企业开始转型生态型或是细分市场,快递行业的竞争已经从价格之战转向融资式的发展。

2017 年伊始,快递行业又加紧了进入资本时代的步伐。2017 年 1 月 3 日,苏宁云商集团股份有限公司全资子公司江苏苏宁物流有限公司(以下简称"苏宁物流")对收购天天快递有限公司(以下简称"天天快递")做出公告。公告中显示:此次的收购分为两次完成。2016 年 12 月 30 日,苏宁以现金方式出资29.75亿元人民币（其中包含股权转让税）收购天天快递70%的股权份额；余下30%的股权，将作价12.75亿元，在交割完成后12个月内完成购买。

正如狄更斯《双城记》开篇所说的一句话："这是最好的时代，也是最坏的时代。"截至2016年的相关数据显示，快递包裹数量已超300亿大关，呈现连续6年的增长态势，这就是最好的时代；但是，快递行业进入转型期以来，随着竞争压力陡增，行业利润进入下行阶段，这就是最坏的时代。面对这个最好与最坏并存的时代，快递行业要想发展壮大，就需要通过资本运作，兼并重组。继顺丰、申通、圆通与中通以各种形式在国内外上市，快递行业加速了资本整合，收购与融资的步伐越来越快。

《中华人民共和国邮政法》的实施，也使得快递行业的并购整合条件日趋完善和成熟。

1. 快递行业未来的发展趋势是企业并购的动机所在。

一方面，国内业务量的持续增长，奠定了快递行业未来发展的经济基础。另一方面，近年国内网购市场以及新兴产业的崛起，给快递行业注入了新的活力和业务增长点。

2. 快递行业特有的行业特点也为并购行为提供了动力。

并购行为扩大了市场覆盖范围，企业也会因此增加业务量，整合其品牌价值。此外，国家政策的调整，也为快递行业的兼并整合潮提供了法律基础与保障。

第五章
"现金贷"：在争议中成长

伴随着金融科技的快速发展，尤其是大数据、云计算、人工智能技术的快速进步，各类参与主体开始逐步探索利用互联网开展消费金融业务。"现金贷"从2014年萌芽，到2016年爆发井喷，再到2017年"现金贷"平台赴美上市，其时间不到3年，但发展速度飞快。根据统计，目前"现金贷"的规模达到1万亿。近一段时间以来，"现金贷"处在风口浪尖，各种消息满天飞，暴力催收、高息放贷、监管出手都成了社会关注的热点。

"现金贷"行业的快速发展，催生了很多与之相关的并购行为。本章将要探讨的内容，就是"现金贷"行业的并购，以及并购背后所体现的行业问题和解决方法。

"现金贷"究竟是什么

提到"现金贷",很多人会联想到互联网小贷和P2P平台,甚至有人将其混为一谈。这种情况的出现,是因为互联网小贷和P2P平台是现在从事"现金贷"的主力军。"现金贷"究竟是什么?多数人并不是十分清楚。

"现金贷"作为资金贷款的一种形式,属于消费型贷款的范畴。按照贷款的用途,可以分为消费型贷款和生产型贷款。我们通常所说的消费金融即消费型贷款。消费金融包括消费分期(消费贷)和"现金贷"。

具体到"现金贷"而言,也有广义和狭义两种定义。广义的"现金贷"是消费金融的一部分,小额现金贷款业务的简称,有方便灵活的借款与还款方式,以及实时审批、快速到账的特性。狭义的定义指的是无抵押、无场景的个人小额信用贷款,源起于发薪日贷款,而非抵押,包括(但不限于)在客户的下一个工资日或结束时偿还的贷款,尤其是排除家庭信贷贷款协议、信用卡、信用合作社和透支等。

综上所言,我们可以把"现金贷"定义为,一般日期12个月或以下,借款金额一般在5000元以下,即短期且无担保的信用产品,其核心为小额、短期、无场景、无担保,并通常在30天内还清。

近年来,国内"现金贷"业务迅速崛起,成为互联网金融与消费金融融合发展的代表性产物。我国"现金贷"兴起于2014年,主要随着互联网理财的发展兴起,网贷公司较早涉足,银行和大型互联网公司也顺势开展类似业务。"现金贷"主要还是作为目前多层次金融市场的补充发展起来的,有其发展的现实意义,也满足了市场部分特定的需求。目前国内"现金贷"主要分为三种类型，一是电商平台类，以微粒贷、京东金条、蚂蚁借呗为代表，资金实力比较雄厚，通过内部流量转化，其获客成本较低；二是垂直平台类，以手机贷、闪电借款、用钱宝、现金巴士、量化派等为代表，主要针对细分人群，获客及资金成本相对较高，此类平台规模大约有数百家，占比最多；三是银行及消费金融公司等持牌类，目前多家银行推出自有"现金贷"产品，如包商银行有氧贷、幸福金，产品大多针对行内白名单客户，利率普遍较低，客群与其他"现金贷"产品差异显著。

那么，"现金贷"是如何运作的？其实，"现金贷"产品的设计无外乎四个要素：利率（包括各种费率）、期限、额度、目标人群。对于每一类目标人群而言，他们在流动性需求、未来可预期现金流、消费观念、收入水平以及信用状况等维度上都具有一定的规律和共性，进而影响其申请额度、贷款利息的接受水平、还款能力和还款意愿等。因此，合理地设计产品，能在有效降低风控难度的同时，将收入最大化。例如，对于白领人群，其按月发薪的特点更适合一个月及以内的借款期限。另外，除了"现金贷"产品本身的特性之外，其推广渠道也颇为重要。如果通过某一推广渠道引入大量非目标人群，那么这不仅仅降低了推广成本的使用效率和后期风控流程的判断精度，还会产生大量有偏数据，不利于风控模式的迭代升级和产品的再设计。

"现金贷"产品分类及其特征

产品分类	借款期限	还款方式	资金用途	额度	主要提供方
随借随还类"现金贷"	无固定期限	等额本息/先息后本等，可提前还款，一般不收取违约金	不定	额度不等，一般不超过30万元	银行、互联网巨头

续表

产品分类	借款期限	还款方式	资金用途	额度	主要提供方
超短期"现金贷"	7~14天/1个月	到期还本付息	临时急用，或还信用卡等	500~3000元为主	线上平台
短期"现金贷"	1~12个月	等额本金/等额本息	用途不特定，通常为消费	3000~30000元，大额较少	线上平台为主、线下资产方
中期资金贷	12~48个月	等额本息/等额本金	用途不特定，通常为消费	1万~20万元为主，超过30万元的产品较少	线下平台为主、消费金融公司等

整体而言，我国"现金贷"具有高效率、高利率、高风险以及门槛低的特点。

1.高效率：中国的"现金贷"方便快捷、金额小、无场景，出生就带有互联网基因，主要通过互联网平台运营及提供服务，在便捷性上完全不逊于英美同行。

2.高利率："现金贷"分为低息模式和高息模式。短期借贷成本低于其他小额现金产品，但在无债务封顶的情况下，长期借贷利率极高。每笔贷款的原始期限极短，一般按日设置利率，平均在3‰~1%的水平。如果能按期还款，这一成本低于开立空头支票以及银行信用卡罚息。但从年化角度计算，这一年化利率高达180%~400%，落入高利贷范畴。

3.高风险：处于起步期，客户和资本大量涌入带来短期的丰厚利润。

4.门槛低：部分平台放松风险控制标准，大量无还款意愿用户得以准入。

由此来看，"现金贷"存在的问题的确不少，但其存在依然是有价值的。

1."现金贷"填补了金融市场的空白。"现金贷"最显著的特点在于其便利性。"现金贷"利用移动互联网，以大数据征信为基础，能够在线上快速通过审核流程，在短时间内向金融消费者发放贷款，具有高度的灵活性和便捷性。"现金贷"的便利性使其拥有了广大客户，迅速发展。

2. 完善征信服务体系。由于中国海量信用次级人群存在，在我国现有的银行体系内无法解决资金的短期融通问题。"现金贷"帮助大量在传统银行体系内无法借款的用户建立了信用体系，同时有助于其信用成长。

3. 压缩非法借贷空间。数据显示，我国大约只有2亿人口持有银行信用卡。对于大量没有银行信用卡的人来说，确实很难得到金融机构的支持。很多人因此转而求助于民间的高利贷。"现金贷"机构能够满足这种不能获得主流银行服务的客户的需求，一定程度上压缩了高利贷的生存空间。

4. 助力金融科技创新。"现金贷"的发展为金融科技创新提供了土壤。"现金贷"本身就是移动互联网、大数据、云计算等金融科技发展的产物。"现金贷"的发展，为金融科技创新的进一步应用提供了可能。

5. 服务我国经济转型。我国目前正处于从储蓄型社会向消费型社会转变的阶段，需要刺激内需，拉动我国经济发展。"现金贷"作为消费金融的一种特殊类型，同样服务于国家进行转型的目的，促进经济发展。

正是由于这些价值，"现金贷"才在我国得以快速发展。

同行业并购：点融网并购夸客资产端

随着"现金贷"行业的快速发展，并购开始出现，2016年12月31日，中国信贷科技控股有限公司宣布并购北京掌众软件科技有限公司。自此，从事"现金贷"业务的互联网金融平台之间的并购日益增多。

2017年，许多互联网金融平台在快速发展中赢来了更多资金的支持，开始通过并购的方式争夺优质资源，进行产业升级。就在这一年的7月，点融网宣布将要收购夸客金融的资产端夸客信贷工场，以及相关网点和团队，此消息一出，就引发了很多人关注。

点融网成立于2012年，于2013年正式上线，是国内有名的P2P借贷平台，主要从事线上信审放贷业务。很快，这家上线不足一年的金融网站就完成了第一轮融资。2014年，点融网保持着良好的发展态势，吸引了更多投资者的目光，于10月份成功获得了新鸿基有限公司的投资，并与其达成了合作伙伴关系。三个月后，即2015年1月，点融网又获得了投资界"大佬"老虎基金的青睐，得到了其资金的注入。这几次成功的融资使点融网的发展势头高歌猛进，成为国内领先的P2P借贷平台。

充足的资金后盾，良好的发展势头，为点融网的并购提供了扎实的基础。点融网选择的并购目标是夸客金融的资产端夸客信贷工场。夸客金融成立于2014年，主要向消费者及微小企业提供互联网贷款服务。2015年3月，夸客金融实收资本就达到了1亿元人民币；2016年3月，夸客金融成为首批互联网金融安全公共服务平台；2016年9月，夸客金融入选毕马威"2016年中国金融科技企业50强"。由此可见，夸客金融有着不错的并购价值。2017年3月，夸客金融与点融宣布共同打造点融夸客信贷工场。[①]

此后，网络上就开始流传点融网并购夸客金融的传言，只是这一消息一直未能得到证实。

2017年7月13日，夸客金融在官方网站上公布了《郭震洲博士致夸客金融全体员工的一封信》[②]，宣布"夸客金融资产端将与点融全面合并"。点融网官方网站也宣称："此次收购预计于2017年第三季度完成，目前信

[①] 资料源自夸客金融官方网站。
[②] 详细内容见夸客金融官方网站。

贷工场的整体运营不会因为这次收购而改变。"[①]并购的消息最终得以确认。

点融网选择并购夸客金融资产端与当时的政策环境和行业环境关系密切。2017年，监管部门出台了多项政策来规范互联网金融市场的发展。在此背景下，"现金贷"行业面临的压力越来越大，唯有不断进行合理化的产业升级，"现金贷"平台才能在市场中保住自己的一席之地。点融网的并购行为，就是在这种情况下进行的，这次并购可以在一定程度上整合双方的技术、资金、人才等资源，从而获得更大的市场竞争力，降低市场风险。

虽然监管越来越严，但网贷行业的巨大利润还是吸引着投资者不断地涌进来，很多其他行业的投资者选择通过并购进入这一行业。例如，新丝路文旅有限公司收购了你我金融，力宝华润有限公司也收购了一部分拍拍贷的股份。这些资本的介入，在为网贷行业带来新鲜血液的同时，也加剧了市场的竞争。

在愈发激烈的竞争中，监管的作用显得更加重要。只有在及时、有效、合理的监管之下，火热的互联网借贷行业才能不断地朝着正确的方向发展。"现金贷"作为互联网借贷平台最主要的业务之一，自然也是监管部门重点关注的对象。

上市风潮：积木控股借壳上市之路

2017年是"现金贷"行业快速发展的一年，也是监管措施越来越严的一年。在很多公司为了争夺客户资源或者进行产业升级而选择并购时，也

[①] 资料源自点融网官方网站。

有一些公司为了上市而选择并购。

2017年成功上市的网贷平台不在少数,仅10月到11月之间,就有信而富、和信贷、拍拍贷、趣店、融360等多家公司成功上市。甚至可以说,这一年对于网贷平台而言是上市风潮盛行的一年。由于中国内地政策的限制,这些企业基本都会选择到香港或国外上市。

借壳上市是企业常用的上市方式,积木控股有限公司(Jimu Group Holdings Limited,下文简称"积木控股")就是用这种方式实现其上市梦想的。

积木控股成立于2014年,是互联网借贷平台积木盒子的母公司,隶属于从事小微贷款业务的积木拼图集团。2017年10月20日,永骏国际控股有限公司(下文简称"永骏国际")和积木控股发布联合公告,对外公布了双方的股权买卖协议。积木控股将以292794240港元的价格收购永骏国际350400000股股份,这些股份占其已发行股本的73%。12月8日,双方又一次发布联合公告,公布要约结果,积木控股的收购任务顺利完成。

作为一家在香港上市仅一年多的公司,永骏国际(股票代码:08187)主要经营鞋履等生活产品的设计研发及与之相关的生产和物流管理服务。由于经营状况不理想,这家上市公司很快沦为别人眼中的"壳"。

2018年1月4日,永骏国际发布重选董事、建议更改公司名称及股东特别大会通告,积木盒子创始人董骏当选为董事会主席;同时,董事会向股东大会提出建议,拟将永骏国际控股有限公司改名为积木集团有限公司。积木控股的借壳上市之路又向前迈进了一大步。

其实,作为积木拼图集团旗下的子公司,积木控股的注册地并不在中国,而是在英属处女群岛,而永骏国际的注册地在开曼群岛。积木控股采取的借壳上市模式是一种股权收购模式,即境外企业通过收购境外企业股权实现境内权益的转移。

当然，除了股权收购模式，VIE（Variable Interest Entity，可变利益实体）模式也是境外上市常用的模式。VIE模式通常被称为协议控制模式，即境外企业通过和境内企业签订一系列的协议来实现对境内企业的控制，通过协议实现境内企业的境外转移。2013年鲈乡小贷赴美上市，就是通过这种模式完成的，而这种模式也是多数小额借贷公司上市时会选择的模式。

通过借壳上市的方式在境外上市是不错的选择，不过仍需注意其中存在的风险。在境外寻找适宜的"壳"难度较大，但决不能因此而放松对"壳"的全面审查。若壳公司为独立第三方，则需要进行缜密的尽职调查以确定壳公司参与借壳上市的真实动机，确定其在各方面都符合上市规则的要求，特别是不存在严重的负债等问题；若新设壳公司则寻找适宜投资者的难度较大，壳公司投资人在上市后的较短时间内抛售股票对股价将造成不利影响。

2017年互联网借贷行业掀起了一股上市风潮，很多公司走上赴港上市或赴美上市之路。面对国内日趋激烈的竞争环境和愈加严格的监管政策，选择在境外上市对于互联网借贷公司而言无疑是一种不错的融资手段，可以借此来提升自己的竞争力。

需要注意的是，在选择到境外上市时，企业应该更加全面地考虑国内外的政策变化，以免造成损失。针对这股风潮，监管部门在鼓励市场自由发展的同时，也在采取相应的预防措施，避免不合规的现象出现，扰乱市场秩序。

"现金贷"因何成为监管部门的"宠儿"

无论是并购还是上市，都是企业在"现金贷"行业内部亟待调整升级的背景下做出的抉择，而行业的调整升级和源自监管部门的压力密不可分。为何我国监管部门一再推出新规，严管"现金贷"业务？这和我国的法律法规有着直接关系。

"现金贷"于2014年在我国兴起，发展时间较短，因此我国在这方面的法律法规较为缺乏。法律法规虽少，却依然发挥着最基础的作用，成为影响"现金贷"行业发展的重要因素。

我国《民法通则》第90条规定，"合法的借贷关系受法律保护"。《合同法》第211条规定，"自然人之间的借款合同对支付利息没有约定或者约定不明确的，视为不支付利息。自然人之间的借款合同约定支付利息的，借款利率不得违反国家有关限制利率的规定"。

我国《合同法》第200条规定，借款的利息不得预先在本金中扣除。利息预先在本金中扣除的，应当按照实际借款数额返还借款并计算利息。明确禁止"砍头息"。另外，我国《合同法》第426条肯定了居间人应依约定收取报酬，也就肯定了平台收取服务费的合法性。金融创新也必须在法律允许的范围内加以改革创新。

为了明确相关法律条文的意义，最高人民法院对其进行了司法解释。2015年9月实施的《最高人民法院关于审理民间借贷案件适用法律若干问题的规定》第26条规定："借贷双方约定的利率未超过年利率24%，出借人请求借款人按照约定的利率支付利息的，人民法院应予支持。借贷双方

第五章
"现金贷":在争议中成长

约定的利率超过年利率36%,超过部分的利息约定无效。借款人请求出借人返还已支付的超过年利率36%部分的利息的,人民法院应予支持。"这是民间借贷利率的两条红线,该规定对"现金贷"业务具有直接影响,使得大部分"现金贷"业务产品和平台顶着"高利贷"之名。

《最高人民法院关于审理民间借贷案件适用法律若干问题的规定》第27条规定:"借据、收据、欠条等债权凭证载明的借款金额,一般认定为本金。预先在本金中扣除利息的,人民法院应当将实际出借的金额认定为本金。"这实际上是对"砍头息"的禁止。

除了法律之外,我国的一些行政法规和部门规章中也有适用于"现金贷"的相关规定。

《非存款类放贷组织条例(征求意见稿)》第二十九条规定,"非存款类放贷组织应当以合法、适当方式为逾期借款人提供还款提醒服务。非存款类放贷组织采用外包方式进行债务催收的,应建立相应的业务管理制度,明确外包机构选用标准、业务培训、法律责任等,不得约定仅按欠款回收金额提成的方式支付佣金。非存款类放贷组织和外包机构进行债务催收时,不得有下列行为:(一)使用或威胁使用暴力或其他违法行为来损害他人的身体、名誉或者财产;(二)侮辱、诽谤或者以其他方式干扰他人正常工作和生活;(三)使用误导、欺诈、虚假陈述等手段,迫使借款人清偿债务;(四)向公众公布拒绝清偿债务的借款人名单,法律、行政法规另有规定除外;(五)向债务人、担保人以外的其他人员进行催收;(六)其他以不合法、不公平或者不正当手段催收债务的行为"。[1]

根据《非法金融机构和非法金融业务活动取缔办法》第五条规定,未经中国人民银行依法批准,任何单位和个人不得擅自设立金融机构或者擅

---

[1] 2015年8月12日,国务院法制办公室公布了《非存款类放贷组织条例(征求意见稿)》。虽然该条例尚未出台,但征求意见稿中的主要内容值得重视。

141

自从事金融业务活动。对非法金融机构和非法金融业务活动，工商行政管理机关不予办理登记。对非法金融机构和非法金融业务活动，金融机构不予开立账户、办理结算和提供贷款。第六条规定，非法金融机构和非法金融业务活动由中国人民银行予以取缔。非法金融机构设立地或者非法金融业务活动发生地的地方人民政府，负责组织、协调、监督与取缔有关工作。

2013年9月，银监会颁布了《消费金融公司试点管理办法》，从设立准入制度、经营管理制度、监督管理制度、消费者保护制度四个方面予以规范。根据《试点管理办法》规定，法律确定了消费金融公司的主体地位，并且将消费金融公司的法律性质界定为非银行金融机构。[1]

中国银监会、工业和信息化部、公安部、国家互联网信息办公室制定了《网络借贷信息中介机构业务活动管理暂行办法》，于2016年8月17日予以公布，自公布之日起施行。

为了保证金融市场的安全，我国对金融行业的规范向来严格，但是从上述内容可以看出，我国的法律法规中针对"现金贷"的条例并不多。面对日新月异的市场环境，法律并不一定能够面面俱到，这就需要法律之外的监管政策来发挥作用，与法律一起形成完善的市场监管体系。

随着互联网金融和消费金融的快速发展，"现金贷"应运而生。不可否认，"现金贷"的存在在市场中具有一定的价值，但是作为一个新兴行业，在缺少明确的法规对其进行规范的条件下，一些投机者开始涌入了这个行业，并制造出了许多乱象。

这两年"现金贷"野蛮生长，行业内存在的问题逐渐暴露，诸如高利贷、暴力催收、门槛低等。当法律对其规范明显不足时，就需要监管部门

---

[1]《试点管理办法》第2条："本办法所称消费金融公司，是指经银监会批准，在中华人民共和国境内设立的，不吸收公众存款，以小额、分散为原则，为中国境内居民个人提供以消费为目的的贷款的非银行金融机构。"

出手了。

随着负面消息的持续曝光,监管部门一再将目光投注到"现金贷"行业上。监管部门出手整顿,旨在规范"现金贷"行业的秩序,使一些不法行为没有容身之处,同时为能够真正带动市场发展的优质企业创造良好的环境,促进行业的优化升级。不断出台的新政策预示着"现金贷"行业内部将出现一次大的洗牌,"现金贷"未来的发展会走向何处,我们拭目以待。

【"现金贷"监管大事记】

2015年7月,中国人民银行等十部委发布《关于促进互联网金融健康发展的指导意见》。

2016年4月13日,银监会下发了《P2P网络借贷风险专项整治工作实施方案》。

2017年4月10日,银监会发布《关于银行业风险防控工作的指导意见》(简称《银行业风控指导意见》),将"现金贷"纳入银监会专项整治范围。

2017年4月17日,P2P网络借贷风险专项整治工作领导小组办公室(简称"网贷整治办")发出了《关于开展"现金贷"业务活动清理整顿工作的通知》。该通知指出部分平台存在的三个突出问题:一是利率畸高;二是风控基本为零;三是利滚利让借款人陷入负债危机。

网贷整治办还在《关于开展"现金贷"业务活动清理整顿工作的补充说明》中提出,要重点关注具有利率畸高,实际放款金额与借款合同金额不符，无抵押、期限短，依靠暴利覆盖风险、暴力催收四类特征的平台。

2017年10月17日，中国互联网金融协会正式下发《互联网金融 信息披露 互联网消费金融》（T/NIFA 2-2017）团队标准（简称"信批标准"）。该信批标准主要分为五大部分，分别为标准适用的具体范围、规范性引用文件、术语与定义、信息披露基本原则、信息披露内容。

2017年11月21日，互联网金融风险专项整治工作领导小组办公室又砸下一记重锤，下发《关于立即暂停批设网络小额贷款公司的通知》，宣布："自即日起，各级小额贷款公司监管部门一律不得新批设网络（互联网）小额贷款公司，禁止新增批小额贷款公司跨省（区、市）开展小额贷款业务。"

2017年12月1日，互联网金融风险专项整治、P2P网贷风险专项整治工作领导小组办公室下发《关于规范整顿"现金贷"业务的通知》。

2017年12月8日，网贷整治办下发《关于印发小额贷款公司网络小额贷款业务风险专项整治实施方案的通知》，本次专项整治目标为严格规范网络小额贷款的经营和资格审批环节，严厉打击和取缔非法经营小额贷款的机构，并以此为契机，进一步完善网络小额贷款经营规则和监管机制，实现监管全面覆盖和风险有效防控。

【案例研究】"现金贷"问题透视

我国"现金贷"存在的问题，在互联网金融行业中有一定的代表性，值得大家思考。我们可以从以下几个方面对"现金贷"行业的问题进行详细的分析，全面深刻地了解行业的不足，为解决这些问题做准备。

第一,"现金贷"的市场准入问题。

目前,银行、消费金融公司、网络小贷公司、P2P 网贷机构均已作为持牌机构(平台)来开展"现金贷"业务,并且已经有相对完善的行业监管政策。除上述机构外,数量众多的互联网垂直借贷平台在开展"现金贷"业务时,往往由缺少相关金融业务资质的互联网企业借助互联网平台发放贷款。针对这种现象,监管层面尚无明确的法律规定,也没有明确的监管部门,存在监管缺位。由于缺少准入机制,导致市场上大量低资质的互联网"现金贷"平台涌现,平台主体良莠不齐。

第二,"现金贷"的风险控制问题。

1. 信用风险。"现金贷"目前存在的是借款人质量较低、贷款费用较高、征信体系不完善导致借款人借款后无力还款等主要问题。

首先,对客户审查标准缺失。部分平台为了实现快速放贷,甚至对借款人资质不进行任何审查。由于过于放松风险控制标准,导致很多不具备还款能力的客户也能获得贷款。

其次,对借款人"多头借贷"行为难以有效识别。部分借款人同时从多家"现金贷"平台贷款,或者在不同平台间借新还旧,其贷款金额往往远超其还款能力,造成资金链极其紧张,信用违约风险很高。据业内估计,有多头借款记录的用户大约占到总用户的 20%~30%。

最后,诱导客户续贷,短贷长用。"现金贷"产品如果固守其小额、短期的产品本质,用户负担利息的绝对额并不高。但少部分用户主动或在平台诱导下,通过不限次数的周转将借款行为从短期变为长期,"利滚利"造成还款成本急剧上升,最终难以为继。

2. 经营风险。"现金贷"平台在经营过程中存在一定的风险,这种风险体现在三个方面:一是行业竞争的风险,放贷收息的商业模式使得"现金贷"平台的数量激增,行业经营风险极大,容易引起恶性竞争。行业进入壁垒低、产品种类单一也给"现金贷"平台带来经营风险。二是"现金贷"经营中，有骗贷组织勾结"现金贷"平台风控人员进行团伙欺诈，给平台造成严重损失，宜人贷就经受过一起有组织的骗贷，被骗金额达到8126万元。三是部分平台无视职业操守，未能充分保护消费者权益，造成行业声誉风险。

3. 技术风险。"现金贷"面临着重大的信息技术安全风险，主要是指信息存在被盗取和泄露的风险以及技术安全风险。互联网金融建立在互联网技术基础之上，如果技术存在安全隐患，那么将会导致互联网金融出现安全风险，比如信贷平台遭受敌意攻击或者信息遭到泄露等，就会给互联网金融平台的资金安全造成严重威胁。再比如，投融资进行时，投资者进行资金转移需要输入密码和校验码，一旦密码和校验码泄露，资金很可能被不法分子所窃取，存在很大的安全隐患。

第三，"现金贷"的利率合法性问题。

"现金贷"利用移动互联网，以大数据征信为基础，能够在线上快速通过审核流程，在短时间内向金融消费者发放贷款，具有高度的灵活性和便捷性。据麻袋理财研究院统计，部分平台借款年化利率高达100%～300%，逾期罚息年化利率大多数超过了300%。"现金贷"平台往往设定较高的服务费，各种名目的费用收取使得借款成本大大提升，这也是其被广泛认为是变相高利贷的原因。而高费率的设定其实与平台融资成本高、运营成本高（包括人员支出，数据获取，支付通道等费用）、坏账率相对较高密切相关，为了弥补运营成本和冲抵风控不足导致的坏账，平台不得不借助高费率实现盈利。

除此之外，部分平台会在给借款人放贷时，从借贷本金中扣除利息、手续费、管理费、保证金等金额，即俗称的"砍头息"，使得借贷人实际收到的借款金额与借款合同约定金额不符，变相提高借款人借款利率。

另一个关于"现金贷"平台利率的问题是信息披露不明。无法让借款人清楚地知悉真实利率，对还款计划中的期限和数额计算往往含糊带过，在利率的介绍方面不够明确。例如，在拍拍贷平台上注册成功即表明接受其服务条款和借入协议，很多急需借款的人可能未能尽到理性消费者的审慎注意义务。平台上的借款服务合同通常是事前拟好无法当面协商的，平台也没有尽到提示和说明义务，提请借款人注意。不仅如此，高额的逾期罚息与借款人重大利益相关的条款通常也没有进行突出显示。

第四，"现金贷"的个人信息保护问题。

1. 收集阶段。信息收集方式分为直接和间接两种方式。直接方式是指平台在用户允许或知晓的情况下，以各种理由收集用户个人信息；间接方式是指利用后台加密等技术手段，在用户不知情的情况下收集非服务必需的信息。

2. 流转阶段。"现金贷"平台在开展业务时，不可避免地会有意或无意地泄露他人的个人信息，例如，将其交予催收公司帮助进行催收，乃至于直接在互联网上公开发布。另外，还有一个不可忽视的现象就是网络攻击。黑客通过 APT 攻击等技术手段，有预谋、有目标、有组织地攻击"现金贷"平台，寻找这些平台的安全漏洞，大规模地窃取平台内存储的用户个人信息。

3. 利用阶段。"现金贷"平台收集到的用户个人信息，可能会被"现金贷"平台自身或者其他获得该信息的主体以传播信息以外的方式进行一定程度的利用，以期实现经济利益。例如，得知用户电话号码、邮箱等联系方式后，向其发送包括广告在内的各种各样的垃圾短信、垃圾邮件。或者是根据用户在另一网站的网购记录向其有针对性地推送推荐商品。

第五，"现金贷"的暴力催收问题。

由于我国银行外借贷服务的法律监管体系尚不完善，"现金贷"发展过程中出现严重的劣币驱逐良币现象,并带来了不容小觑的暴力催收问题。畸高的利率、低标准的风控和准入门槛、民间资本的进入给"现金贷"行业带来了超高违约率,部分借贷平台以及一些民间借助平台进行发放贷款的借贷人,会采取一些非常规手段进行催收。

在借贷人违约后,有些放贷平台雇请催收公司进行催收,有些平台或者放贷人本身就拥有催收团队。部分催收人员最开始采取短信、电话方式对借贷人进行威胁、恐吓,利用"呼死你"等软件给借贷人造成心理压力。少数催收人员从一开始就采取辱骂、威胁殴打的方式进行催收。消费者违约超过一定时间,通常是几天,催收人员就开始联系借贷人的家人、朋友等,甚至给借贷人的通信录群发消息。借贷人本身不具有还款能力时,催收人员给借贷人施加压力要求其向家人、朋友借钱还款。

"现金贷"行业的问题不少,只有充分了解这些问题,才能有针对性地对该行业进行有效监管。

【东风徐来】"现金贷"监管制度建议

对于我国"现金贷"行业存在的问题,监管部门可从以下六个方面入手,构建完善的监管体系。

第一,完善"现金贷"准入管理。

1.建立"现金贷"平台准入标准。应通过设定行业最低准入标准,如注册资本金要求、机构投资者的出资比例及相关行业的从业年限等,将实力较强的平台纳入行业发展中,以控制平台自身的风险。

2.实行"现金贷"持牌管理。目前,我国对网贷平台的管理,主要参照欧美国家监管理念实行备案制管理。2016年11月,银监会联合工信部、工商局发布了《网络借贷信息中介备案登记管理指引》,对新设立平台应在完成工商登记注册、领取企业法人营业执照后10个工作日内向当地监管部门申请备案登记;而对已经设立并开展营业的平台则需根据网贷风险专项整治中分类处置结果做相应安排。未来,合规的"现金贷"产品平台必须具有监管认可的资质,要么是持牌机构,要么是合规的网贷平台。

3. 第三方核查机制。在对"现金贷"进行管理的过程中,必要时可通过律师事务所、会计师事务所等第三方机构进行核查,出具核查意见,促使"现金贷"平台合法合规经营。

4. 完善"现金贷"信息披露。建立完善的"现金贷"信息披露制度有助于缓解"现金贷"平台和借款人之间的信息不对称,保护金融投资者权益。具体的措施包括:(1)建立统一标准、可追溯、可持续的产品、业务及行业信息披露机制。(2)督促互联网"现金贷"平台严格履行信息披露义务。(3)对借款人进行充分的风险提示,在平台网站、借款合同中的显著位置明确公布贷款额度、实际年化利率、贷款期限、还款方式、贷款展期以及逾期处理方式等关键信息。

5. 监控"现金贷"资金来源。对"现金贷"资金来源进行监控:(1)对银行、保险、券商等有风险识别能力的合格机构成为"现金贷"的提供者,要持相对客观的态度。经营状况良好且设定一定风险防护措施的非存机构包括"现金贷"机构,应允许其从合格机构借入资金,不能一刀切,鼓励建立联合风控机制。对于发行ABS(以项目所属的资产为支撑的证券化融资方式)募集资金,不要一刀切,遵循实质出表,加强信息披露,加强合格投资人管理。(2)为防范金融风险,应尽量避免公众资金进入"现金贷"平台。严格防范资金直接或非法绕道来自社会公众,减少金融风险的外溢性。(3)"现金贷"机构对承担担保责任或信贷风险的资产,应建立有效的风险管理措施，规范风险计提。

第二，制定"现金贷"负面清单。

可以考虑制定"现金贷"负面清单，对"现金贷"进行监管。可以考虑做以下几个方面的规定：在市场准入方面，禁止未取得许可或履行备案手续的平台从事互联网信息服务，禁止无牌照经营贷款业务；在业务推荐方面，不得进行虚假欺诈和宣传，禁止将不具备还款能力的借款人纳入营销范围；在业务经营方面，禁止在不对借款人主体资格进行审查的情况下进行放贷，禁止向未满18周岁的在校大学生提供网贷服务；在利率方面，禁止收取"砍头息"；在个人信息保护方面，禁止违法收集客户信息、禁止向第三方泄露客户信息。

第三，构建技术驱动型风控机制。

1. 以信息工具规制信用风险的路径。只有运用好互联网、大数据等信息技术手段，进行风险预测和风险判断，才能有效规制目前金融科技领域的创新与风险。以信息工具为核心的金融风险规制路径可以适用到整体金融市场的风险防范与治理的过程中。

2. 人工智能审核放款。目前，人工智能在"现金贷"领域已经开始应用，与传统人工审核相比，人工智能有着多方面的优势：机器更适合处理海量数据，更适合通过样本快速学习，并且不会受到个人经验、体力及道德的限制，同时为客户提供全年无休的 7×24 的服务。例如，京东金融风控体系利用深度学习、图计算、生物探针等人工智能技术，实现无人工审核授信和放款，坏账率和资损水平低于行业平均值50%以上。用钱宝通过近百次的模型进化，其机器模型的审批通过率是同行业水平的两倍，且逾期率低于同行业水平40%。

3. 利用智能风控体系反欺诈、防多头借贷。通过智能风控，重点解决反欺诈和多头借贷行为的识别。其一，反欺诈是"现金贷"风控的首要课题。目前，线上贷款的欺诈行为有中介代办、团伙作案、机器行为、账户盗用、身份冒用和串联交易等。针对这些欺诈行为，常用的反欺诈规则包括勾稽比对、交叉检验、强特征筛选、风险关系以及用户行为数据分析。

其二，多头借贷行为的识别。多头借贷是指同一借款人在多个贷款机构有过贷款行为。据技术平台监测，截至2017年11月初，有上百万"现金贷"用户存在向2家或2家以上"现金贷"平台同时借贷的情况。[①]据统计，25岁年龄段人群平均多头借贷次数最高，其次为25～35岁年龄段。总体来说，20～35岁年龄段人群平均多头借贷次数明显高于所有人群水平。这一年龄层的人群对资金有旺盛的需求，大多是由于经济实力不足而导致的。[②]

目前，多头借贷行为的识别包括两个方面：一是获取多头借贷数据。由于"现金贷"的目标人群大多是不被传统借贷机构覆盖的长尾人群，缺少完整的央行征信数据，因此，一些从事"现金贷"业务的平台会相互合作，实现贷款申请数据的共享。另外，"现金贷"平台在第三方征信机构针对第一笔贷款申请记录做查询时，势必会留下大量贷款申请人的身份信息。这部分信息经过查询异常检测算法的过滤以后就会形成一个可靠的多头借贷数据库。二是恶性多头借贷行为的识别。恶性多头借贷行为指贷款人借新还旧或者在同一时期有大笔多头借贷。对于借新还旧行为的识别可以结合贷款申请间隔和贷款期限，如果贷款申请间隔明显小于贷款期限，说明该笔贷款申请有较大的借新还旧风险。

4. 大数据征信与传统征信体系结合。征信体系对于互联网金融的发展至关重要，我国互联网金融处于快速发展阶段，但互联网征信体系仍不完善，若要推动互联网金融及社会经济的良好发展，还需要进一步对征信体

[①] 吴震.2693家平台从事现金贷业务 上百万用户为多头借贷［DB/OL］.财新网 2017–11–17.
[②] 殷怡.年轻人成常贷客主体 行业严防"多头借贷"［J］.第一财经日报，2017–2–7（A05）.

系进行创新发展。

目前，我国的征信系统数据主要来自各种国家机关或是金融机构，外加一些公共机构的数据。近年，大数据征信的概念兴起。但仅靠大数据征信有时也会存在一定的偏差，所以需要传统征信系统的开放，建立统一的征信平台。

第四，明确"现金贷"利率监管标准。

对于"现金贷"平台的过高年化利率应当予以正确认识。应当认识到"现金贷"利率的形成有其客观原因，以年化收益率36%作为红线，忽视了"现金贷"行业客户的信用成长周期，会导致整个行业无法经营。"现金贷"服务海量次级信用人群，需要以微额短期高定价来建立信用起点，并逐步为好用户提额降价，帮助其信用成长。中国有大量主体缺少信用数据，优质的"现金贷"平台会帮助这些用户建立起自己的第一个信用账户，让他们的所有消费行为和很多的数据不断地进入平台的整个评估体系。"现金贷"平台可以帮助他们的信用获得不断的成长，从而帮助他们享受更加普惠、更加便捷的金融服务。

在有充分的证据表明，借款人并非总是采取理性行为能够针对自己的实际情况做出最佳判断决策时，鼓励"现金贷"平台完善征信体系、风控机制，对借款人进行风险评估以事先防范风险，降低服务成本，在这些初步筛选过滤机制归于失败时，限制损害的最佳方法是防止高额逾期罚息等导致的金额过度延展，以上这些可能是更加符合"现金贷"发展特点的利率规制思路。

总之，我国出台相关的"现金贷"监管措施时，应该注意运用综合手段控制过高年化利率。如果采取一刀切的办法，设置36%的年化利率红线，会导致"现金贷"行业整体无法经营。应该认识到，通过设置相关政策来保护消费者是核心问题。在行业有准入门槛、额度、定价有上限，对暴力催收进行有效治理，采取行业借贷信息共享等政策的情况下完全可以让行业实现绿色发展。

第五，加强"现金贷"个人信息保护。

在"现金贷"中，"现金贷"平台作为直接收集用户个人信息的主体，在用户个人信息保护问题上，处于关键核心地位，因而有必要明确"现金贷"平台在保护用户个人信息上的原则和义务。目前，在通用的个人信息保护问题上，已经有一些原则和义务是所有的网络服务提供商需要共同遵守的，"现金贷"平台也不例外。

"现金贷"平台在开展业务的过程中收集处理个人信息，也就对这些个人信息的保护负有相应的义务。根据《网络安全法》和一般学说，在处理个人信息的过程中，"现金贷"平台应遵循如下原则[①]：知情同意原则；合法必要原则；目的明确原则；个人控制原则；信息质量原则；安全责任原则；匿名免责原则。

根据上述原则，"现金贷"平台在处理用户个人信息时，应当遵循一些通行的一般义务。主要包括告知义务，收集、加工、使用时的义务，转移时的义务，实现用户控制的义务，政策修改的义务，安全责任义务和关于特殊领域个人信息保护义务。

第六，规范"现金贷"催收手段。

1. 制定催收规范。2017年5月4日，深圳市互联网金融协会向全市各网贷平台下发《深圳市网络借贷信息中介机构催收行为规范（征求意见稿）》，这是国内首份针对催收的地方性文件。文件规定贷款结构催收费用不得超过借款本息的40%。同时，该规定还提出了10条禁令，包括催收时间限定在上午8：00至下午7：00；限定催收电话短信一天不得超过3次；

[①] 齐爱民. 个人信息保护法研究［J］. 河北法学, 2008,（04）:15–33.

不得骚扰借款人的家人、同事、朋友；严禁发裸照、拉横幅、泼墨水、堵门口等暴力催收行为；借款人为学生的，不得进入校园催收，不得上课时间催收，等等。

2. 治理暴力催收行为。对线下暴力催收行为应当坚决杜绝。暴力催收是"现金贷"发展过程中滋生出来的毒瘤，严重损害了借贷人的合法权益，影响了"现金贷"产业的良性发展，给社会带来巨大的不稳定因素。如果要整肃"现金贷"产业，解决暴力催收问题，还应当从源头入手，防止非法平台从事"现金贷"业务，防止来源不明的资金进入"现金贷"市场。同时，也应当增强国民素质，提高国民法律素养，提高信用低且偿债能力有限的消费者对借贷的警惕心理。

3. 扶植阳光催收企业。很多"现金贷"公司将贷后催收交给催收公司负责，我国催收外包行业包括咨询管理公司、律师事务所、资讯公司、数据处理公司等，据不完全统计，从事催收的法人单位数量达到3500~4000家。2015年10月在新三板上市的一诺银华号称"催债第一股"。这些催收公司良莠不齐，应当扶植阳光催收企业。

"现金贷"从在互联网兴起就一直备受争议，高利贷、暴力催收等行业乱象频出。其实"现金贷"有其存在的特殊价值，只要有合理的监管机制对其进行有效监管，这一行业就能够健康发展，弥补我国金融信贷领域的一些不足，在市场经济中充分发挥其积极作用。

第六章
美团：与摩拜结缘

在互联网经济快速发展的过程中，越来越多的经济新模式出现，并发展壮大。作为"互联网+"时代新产物，共享单车一夜之间兴起，并迅速成为风投基金眼中的香饽饽，一批共享单车独角兽企业随之出现。

作为第一家共享单车企业，摩拜单车在激烈的市场竞争中激流勇进，走在了行业的前端，此次被美团并购，引起了众多媒体和大众的关注。

这场并购中谁是真正的赢家？共享出行领域的混战是否已经打响？众多猜测甚嚣尘上，让我们拨开迷雾，一起探寻这场并购的始末。

美团扩张之路，瞄准出行市场

美团成立于2010年，从团购业务起家，覆盖范围从最初的几个大城市扩展至全国绝大多数地级市以上城市，成为中国互联网企业中名副其实的"独角兽公司"。

所谓"独角兽公司",是指那些成立时间不长,但估值超过10亿美元的公司。这样的公司在中国的巨大市场中并不罕见,但能持续维持良好发展势头,在日益激烈的竞争中不退反进的依然屈指可数。作为成立以来一路高歌猛进的互联网公司,美团无疑是成功的,而这样的成功离不开公司掌舵者精准的眼光和充满魄力的市场布局。

创始人王兴在创建美团之前,曾创办过校内网(后更名为人人网)、饭否网等有影响力的网站,在互联网行业的多次创业为他累积了一定的经验和名气,所以美团一经上线便得到了广泛关注。美团作为一家O2O(Online To Offline,即线上到线下)网站,为用户提供吃饭、游乐等方面的团购优惠,同时为商家聚集更多客人,美团的双赢经营模式很快让它被大众接受,迅速聚集起了人气。

好的经营模式加上有魄力的掌舵者,以及良好的市场发展前景,美团很快就受到投资者的青睐,并很快拿到了A轮融资。不到两年的时间,美团的融资额已达到了上亿美元。充足资金的保障,为美团的扩张之路增添了便利。随着布局城市的增加,美团的交易额也开始飞速上涨。

面对美团取得的成功,王兴并未止步。"互联网+外卖"的模式出现后,中国外卖市场活力被激发,诸多企业瞄准了这块巨大蛋糕。大量资本涌入"互联网+外卖"行业,各种外卖APP纷纷上线,行业竞争如火如荼地展开。王兴也在适当的时机进入了这一领域。

2013年11月,美团外卖正式上线,有了前几年累积下的人气做基础,美团外卖的业务做得风生水起。

先天的人口红利优势,加上快节奏的都市生活,让中国成为全球最大的外卖市场之一。王兴顺利得到了泛太平洋资本、红杉资本和阿里巴巴的支持,快速抢占这一市场。

接下来，融资、收购酷讯、与大众点评网合并，每件事都将美团推至风口浪尖。在这风口浪尖之中，美团乘风而起，一步步完善着自己的产业链，壮大着自己的实力。与此同时，美团外卖顺利在互联网外卖领域站稳了脚跟。良好的发展态势吸引了更多投资人，当然，美团之后的成绩也未辜负投资人的信赖，2017年，美团总交易额达到1710亿元人民币，在2018年春节期间，平台订单更是暴增171%。

2015年，一群中国年轻人带着创业的热情和创新的思维，成立了北京摩拜科技有限公司。当然，那时这家处在初创阶段的小公司并未引起王兴的注意，当时的王兴正积极地将美团的版图扩展到更多的城市。

互联网经济的特点是发展快，周期短。几年之间，在互联网外卖市场中兴起的许多企业便败下阵来，局面从混战变为三强争霸。2017年，百度外卖被饿了么收购之后，外卖市场的鼎足之势也变为了两强相争。

随着外卖市场的局势愈发明朗，美团开始进军更多领域。比如提供打车服务，打造旅行品牌，开设线下生鲜店，美团业务多样化发展。

美团已经有能力完成公司的第一条使命——让用户吃得更好。下一步的布局自然是定在第二条使命之上——让用户生活更好。

生活无外乎衣食住行，当共享经济在出行领域兴起之时，王兴的目光也瞄准了这一领域。

捕获共享单车"独角兽"

共享并不是一个新鲜词汇，只是其与移动互联网结合之后，便为共享经济的产品衍生提供了"土壤"。

被誉为中国"新四大发明"之一的共享单车，自出现之后一度成为年轻人热捧的"网红"。健康环保的出行方式与"共享"变为当下的一种时尚，并流行起来。共享单车也成为资本市场的宠儿，一家又一家共享单车企业在资本市场的助推下，如雨后春笋般冒了出来。

摩拜单车是最早问世的共享单车品牌，是当之无愧的共享单车"鼻祖"。美团创始人王兴很早就表现出了对摩拜的兴趣，在2016年摩拜的C轮融资中，他就曾以个人名义进行投资，之后更是一直保持着对这家公司的关注。

2016年，共享单车市场火爆，许多新企业的涌入大大加剧了市场竞争。虽然是最早进入市场的企业，摩拜面临的压力依然很大，早期投入的车辆虽然技术含量高，但在与其他品牌的竞争中依然很难展现出优势。

为了赢得市场，摩拜开始建设工厂，自主设计、研发车辆，同时首创了押金监管账户，力图打造更加智能、安全的用户体验。这样的策略，让摩拜在激烈的市场竞争中一直处于优势。

共享单车行业的门槛其实并不低，单车投放初期需要大量的资金来支撑，后期维护运营同样离不开资金支持。由于资金投入大，盈利回报慢，很多共享单车经过短短数月便结束了行业生涯。

经过洗牌，摩拜和ofo成为中国共享单车行业的两大"独角兽"。

根据2017年12月21日胡润研究院发布的"独角兽指数"，摩拜单车的估值为100亿元人民币，ofo的估值为200亿元人民币。2017年底，摩拜和ofo表现出了合并意愿，但谈判并不顺利，双方最终不欢而散。

2018年，有消息称，软银中国资本和滴滴出行有意收购摩拜。4月，又有消息称，摩拜在与美团商谈并购事宜。就在一切消息还未得到确认时，4月4日，美团和摩拜在新浪官方微博先后发表声明，确认摩拜正式被美团收归旗下。关于这场并购的猜测还未翻起波浪，就已经尘埃落定。

就在双方发布声明前的4月4日凌晨,《新京报》已经公布了此次并购的具体信息:"美团以35%股权、65%的现金收购摩拜单车,其中3.2亿美元作为未来流动性补充,A、B轮投资人及创始团队以7.5亿美金现金股权退出。"除去10亿美元的债务,美团出资27亿美元拿下了摩拜。

从美团和摩拜公布的声明中可以看出,美团以全资并购摩拜,摩拜将保持品牌和独立运营。在此消息正式公布的前一晚,摩拜召开了股东会议,投票决定是否要接受美团给出的并购要约。按照摩拜的规定,只有赞成票超过三分之二,这场交易才能进行。显然,结果表明这场并购得到了三分之二以上股东的赞成。

美团并购摩拜的消息传出后,关于并购内幕的各种猜测就开始出现,阴谋论也随之产生。有传言称,多数股东直到3日晚间的股东大会,才得知并购消息。事实上,摩拜单车的股东、愉悦资本的创始人刘二海在接受新浪科技的访问时表示:"他(王兴)早在春节前就谈过投资或并购的意向,股东大会十多天前提出了并购要约。"所以这种传言并不可信。

被并购后,摩拜的管理团队变化不大,王晓峰将继续担任CEO,胡玮炜继续担任总裁,夏一平将继续担任CTO,摩拜管理团队其他成员将继续担任现有职务,王兴将出任摩拜董事长。而摩拜的原董事长李斌选择退出。

实际上,美团早在2017年2月份就开始在出行领域进行尝试,这次并购摩拜,更是表明其进军出行领域的决心。

美团的并购过程迅速而果决,延续了王兴一贯的作风。无论外界如何评价,这头共享单车领域的"独角兽"已经被美团捕获。

征服摩拜，靠的不只是钱

除去 10 亿美元的债务，这次并购美团最后给出的价码是 27 亿美元，这在很多摩拜股东的心中并不是一个理想的数字，毕竟摩拜一直是资本市场的宠儿，融资履历极其漂亮。

2017 年，摩拜就融资 70 亿元人民币，占共享单车行业总融资额的 27% 以上。此外，摩拜在 2017 年开始拓展海外业务，先后在新家坡、英国、意大利、日本、泰国、马来西亚、美国、韩国八个国家登陆，并得到了当地政府的赞扬，这无疑又抬高了摩拜的身价。

尽管美团给出的价格并不理想，摩拜最终还是选择了接受这次并购。从摩拜的角度来讲，原因如下。

第一，从第一代共享单车投入市场之后，摩拜面临许多共享单车企业推出的新型单车带来的竞争压力。为了增强竞争力，摩拜必须不断研发更加舒适、智能的车辆投入市场，这无疑增加了企业的运营成本。

第二，摩拜所有的单车都是自主研发的，这一方面是为了更好地满足顾客的骑行感受，另一方面也是为了制造出使用寿命更长的单车，从而降低后期维护成本。但是，摩拜单车设计之初追求的四年之内零维修的目标并未实现，部分低素质人群的存在增加了车辆的损坏率，大大提升了企业运营的后期成本。

第三，共享单车的前期投放、后期维护都需要大量资金，而低廉的用车价格让资本的回收速度非常缓慢，甚至出现入不敷出的情况，这使得许多共享单车企业都在负债前行。

根据2018年初蓝鲸TMT披露的数据，摩拜同样面临着这样的问题。即使吸纳了大量融资，这样的"烧钱"速度依然让摩拜难以为继。"摩拜内部财务报表显示，截至今年一月份摩拜挪用用户押金60亿元人民币，供应商欠款约10亿人民币，债务总额合计超过10亿美元。"

面临着巨额债务，摩拜急需大量资金注入，在短期获得大量资金无望的情况下，选择接受并购，反而成为一劳永逸的解决方案。

在喜欢运动和热衷环保的人眼中，共享单车是不错的出行工具，既能健身，又干净环保，并且在很大程度上能缓解一直困扰中国公共交通"最后一公里"出行难的问题。所以，共享单车的存在是有市场价值的。但目前行业的现状显然并不理想，依靠资本的大量投入抢占的市场，所带来的现金流并不理想。在这样的局势下，摩拜选择接受并购也是无奈之举。

其实，对于摩拜而言，"下嫁"美团并不是唯一的选择。在接受美团并购要约之前，摩拜也收到过其他企业发来的并购要约，但相较之下，只有美团开出的条件是最合适的。

第一，美团承诺维持摩拜单车的独立品牌、独立运营，并且保留了原来的管理团队。

第二，美团用股份和现金分别满足了不同阶段投资者的需求，照顾到了绝大多数股东的利益。

第三，美团选择了一个合适的并购时机，在这一时机开出这样的价格，虽然在很多股东看来是比较低的，但是可以接受。

在最合适的时机，果断地开出最合适的条件，美团"拿下"摩拜也就成为顺理成章的事。

"接盘侠"还是大赢家

美团并购摩拜的消息传出后,许多人将之视为美团对滴滴出行的"报复"行为,认为美团是因为和滴滴出行之间的私怨,做了摩拜的"接盘侠"。

滴滴出行是我国互联网出行领域的大平台,在业内也算是做得风生水起;而美团占据着互联网外卖行业的半壁江山。2017年2月,美团打车在南京试点运行;2018年3月,滴滴外卖上线。原本井水不犯河水的两家互联网公司,瞬间成为大众眼中的"死对头"。

2018年初,滴滴出行宣布在其APP上推出共享单车平台。进入共享单车领域,可以弥补汽车出行的局限,为滴滴出行构建更加完整的行业生态链,同时,作为ofo小黄车的最大股东,滴滴出行的这一做法能为双方带来共赢。

因此,在美团成功并购摩拜后,很多人就将这次并购直接归结为美团和滴滴出行之间的一次"争斗"。有人认为在这次竞争中,美团过于盲目,接手了一个不会创造太大经济价值的企业,成为一个"接盘侠"。

美团之所以并购摩拜,自然不是为了赌气。在出行领域布局,美团是有着自己的考量的,"让大家吃得更好,生活更好"是美团的使命,这一使命的实现无疑是离不开出行的。"摩拜单车是城市三公里出行最便捷的工具,将成为美团到店、到家、旅行场景的最佳连接,即为用户提供更加完整的闭环消费体验,也极大地丰富了用户的消费场景。"

此外,摩拜的价值除了体现在出行领域,还体现在其携带的大量优质用户上，这些用户可以为美团带来几大益处。

第一，美团一直面临的问题之一就是由于行业壁垒低，竞争优势不明显，用户的流动性高，黏性低。美团服务的对象一方面是广大的消费者，另一方面是众多店家，这两种服务对象的忠诚度都不高。也就是说，他们可能选择在美团交易，也可能随时转到其他的交易平台。但是，摩拜的用户是有信用记录的，他们大多有着良好的信誉。高信誉度的用户正是美团需要的。

第二，摩拜的用户携带了大量数据。摩拜有自己的云平台，用户的支付情况、位置信息、信用度等会汇集到云平台进行处理。这些大数据对于美团而言，有着巨大的价值。比如，在获得用户的位置信息后，及时为其推送附近店铺的优惠信息。

第三，除了从用户上获得价值，美团并购摩拜还可以为以后拓展国际市场开路。摩拜已经在八个国家登陆，而美团也将眼光投向了国际市场。进入国际市场并不容易，但摩拜单车或许能够成为美团攻入国际市场的一个助力。

第四，此次并购能够提高美团的整体估值。美团一直在筹划上市，通过并购摩拜来提高企业估值，能让美团的上市之路更进一步。

总结摩拜能为美团带来的益处，就不难理解王兴为何要斥巨资拿下这家企业了。

【美团并购摩拜大事记】

2016年，美团创始人、董事长王兴以个人名义参与了摩拜单车的融资，表现出对出行领域的兴趣。这是摩拜第一次和美团产生联系。

2017年2月，美团在南京开设打车服务，开始在出行领域进行布局。

2017年底，美团开始筹划并购摩拜单车。

2018年初，美团和摩拜多次就融资和并购事宜进行沟通。

2018年4月，网上流传出美团和摩拜负责人进行并购谈判的消息。

2018年4月3日，摩拜召开股东会议，投票通过了美团提交的并购要约。美团以27亿美元的价格全资并购摩拜（其中35%为美团股权，65%为现金），并承担摩拜亏欠供应商的10亿美元债务。

2018年4月4日，美团和摩拜单车分别在自己的新浪官方微博上发布了并购消息。摩拜保持独立品牌、独立运营，王兴成为摩拜新任董事长，原董事长李斌离职，其他管理层人员没有变动。

2018年4月11日，摩拜召开员工大会，王兴以公司董事长的身份和员工见面，并购案已落下帷幕。

【案例研究】经济新常态下，中国企业该何去何从

随着时代的更迭和变迁，中国经济结束了改革开放以来近40年的高速增长期。原有经济形态下的市场红利已经消失，新的经济环境突显出技术创新的匮乏，导致经济增速放缓。在这样的经济新常态下，企业要发展就要不断创新，用新技术和新模式，迎接新的挑战。

十九大报告指出："加快建设制造强国，加快发展先进制造业，推动互联网、大数据、人工智能和实体经济深度融合，在中高端消费、创新引领、绿色低碳、共享经济、现代供应链、人力资本服务等领域培育新增长点、形成新动能。"

将实体经济与互联网、大数据，以及人工智能相结合，是许多企业升级的方向。幸运的是，美团作为一家互联网企业，服务的正是实体经济，并且在服务过程中一直没有忽视大数据的作用。近年来，美团加大了在大数据方面的投入，不但利用大数据分析用户的消费习惯，还用大数据为餐饮行业把脉。

"互联网+实体经济+大数据"，在这种模式之下，美团未来的发展必然会走向更加个性化、智能化的方向，"让大家吃得更好，活得更好"的使命也能更快实现。

像美团一样，在经济新常态下进行升级是中国企业必然的选择，而升级意味着企业要有更高的技术要求和更符合消费者需求的市场定位。技术创新依靠创新型人才，了解市场需求仰仗的则是大数据。

大数据的核心在于预测。自从计算机和互联网诞生后，数据的收集和处理就变得更加容易，通过数据分析来推测一个人的收入、消费习惯甚至生活状态都变成了可能。这些通过数据推测出的结果，对企业进行产品营销，甚至产品开发都具有重要的指导意义。

中国的大数据发展在全球范围内处于领先地位，有了这样的先天优势，中国企业在向更加智能\更加人性化的方向转变时，会得到更大的成功机会。

【东风徐来】大数据法律的"痛点"

当今社会，越来越多的企业和个人认识到了大数据的重要性，与此同时，数据安全问题也受到越来越多人的关注。近年来，一些网站的数据泄露问题屡见不鲜,给用户带来了很大困扰。

2018年4月6日,光明网发布了一篇名为《脸书用户数据泄露事件的警示》的文章。文章中对脸书（Facebook,美国最大社交网站之一）用户数据泄露造成的严重后果进行了披露,其中包括影响了多国的总统选举。

大数据与云计算的结合,可以作为分析用户行为、偏好、信用等的有力工具。但在商业利益的驱动下可能产生负外部性,衍生出危害个人信息安全甚至国家信息安全的恶性事件。大数据环境下,用户的操作行为、视频、文件、图片等几乎所有的数据都能为企业所用,但在此过程中面临着如何保护个人隐私、维护个人信息安全的问题。

我国关于数据保护方面的法律尚不健全,许多互联网企业在数据的收集、存储、处理、使用、删除等过程中,并未对个人信息保护提起重视、履行责任。

基于此,中国人民大学金融科技与互联网安全研究中心配合中国互联网金融协会制定了"用户数据在移动金融中的收集与使用行业标准",并与南都个人信息保护研究中心合作完成《2018移动金融用户个人信息安全测评报告》,旨在推动数据应用的法治化、规范化,呼吁相关行业参与者将用户个人信息保护视为企业持续发展的根本保障,加强行业自律。

事实上,从"今日头条"智能算法带来的个性化展示到网曝在线旅行平台利用大数据"杀熟",显示出的是大数据应用绝非中立,机器学习尚不成熟。本应"懂你,但不认识你"的大数据技术演变为"懂你,并且利用你",在分析消费者支付能力、消费偏好后,针对不同情形定制不同价格,例如判定急需订票便提高价格、固定路线叫车报价更高等。

大数据"杀熟"违背商业诚实信用原则自不待言,更有违反《反垄断法》之嫌,可能构成价格歧视。根据消费者愿意为每单位商品付出的最高价格而为每单位产品制定不同的销售价格,被称为完全价格歧视或一级价格歧视。现实中,由于企业通常无法知晓每个消费者内心能够承受的最高价格,因此很少发生价格歧视,但借助大数据和人工智能算法,企业能够对每个用户进行全方位的精准画像,并在分析预测的基础上予以歧视性定价。此种方法削减了消费者对互联网商业场景的信任度,使原本便利普通民众生活的大数据技术成为谋利的手段,将危害行业发展,阻碍技术进步。

不仅如此,机器学习模型可能导致种族或性别等方面的歧视。从输入数据到做出决策的机器学习中间过程,甚至在更为先进的自动学习中,AI背后的代码、算法存在着超乎我们理解的"技术黑箱"。而提高发展非歧视性数据挖掘技术是一个尚未解决的研究领域,目前应当提高大数据算法应用的信息披露义务,并且运用监管科技的手段升级监管能力。

如前所述,怎样能既把数据有效地利用,形成数据的价值,同时又有效保护每位消费者、用户的隐私,是当前各大企业和政府面临的问题。"3·15"当天举行的"2018新技术与消费者保护峰会"上,中国人民大学启动了大数据区块链与监管科技实验室,我们认为通过区块链技术能够更好地解决这个痛点,既对消费者数据加密,又能够和其他的数据持有方进行数据的共享,通过区块链技术和哈希值(指从任何一种数据中创建小的数字"指纹"方法)把相关信息共享之后,同时又保留原有的数据,进行交流和交换,确保每一位数据的组成、交易还是保留在原有的企业或者个人内部,确保数据的安全和交易能够共同实现。

区块链的设计是透明的,可以让金融机构直接、即时、完全透明地向监管者提供信息。因为几乎任何类型的信息都可以数字化,并将其编码后放入区块链中,这个数据库在原则上是可以防篡改的、永久的,并且其有效性已被共识机制所佐证。区块链技术与大数据结合未来将有巨大的潜力和前景。

下 篇
并购深思

第七章
并购重组的法律问题

中国从 1984 年便掀起了并购风潮，时至今日，并购重组行为已然成为企业改革与发展的有效途径。中国加入 WTO，中国共产党第十五次全国代表大会明确提出国有企业实施战略性改组，都进一步推动了中国新一轮并购重组的前进步伐。

企业长期以来的并购重组行为，在市场的验证下，已经逐渐显露其自身缺陷与矛盾。面对这种现状，政府开始对企业的并购重组行为进行严格的法律约束。

国家相关部门相继推出多部法律、法规和规章制度，严格把控企业的并购重组行为，并不断对相关法律条文进行修订和优化。任何企业都必须遵守相关律法，在法律允许的范围内，依法开展企业并购重组行为。

那么，关于并购重组，在中国的法律中又是怎样规定的呢？与时俱进的法律修订过程中，又将会对企业的并购重组行为产生怎样的影响呢？

与并购相关的法律制度

由于受到海外并购重组行为的影响,中国市场中也涌现了越来越多的并购重组行为,我国针对企业并购,相继制定了一系列的法律法规。

《公司法》与《证券法》随着中国经济的不断发展与变化,也随之在进行不断的修订和完善。

我国的《公司法》由第八届全国人大常委会第五次会议于1993年12月29日通过,自1994年7月1日起施行;根据1999年12月25日第九届全国人民代表大会常务委员会第十三次会议《关于修改<中华人民共和国公司法>的决定》第一次修正;根据2004年8月28日第十届全国人民代表大会常务委员会第十一次会议《关于修改<中华人民共和国公司法>的决定》第二次修正;2005年10月27日第十届全国人民代表大会常务委员会第十八次会议修订,2005年10月27日中华人民共和国主席令(第四十二号)公布,自2006年1月1日起施行。

此后,《公司登记管理条例》于2005年12月18日修订颁布,随《公司法》于2006年1月1日起施行。

2013年12月28日第十二届全国人民代表大会常务委员会第六次会议《关于修改<中华人民共和国海洋环境保护法>等七部法律的决定》第三次修正,其中关于《公司法》做出多项调整。调整后的《公司法》自2014年3月1日起施行,也即现行的《公司法》。

《证券法》在1998年12月29日第九届全国人民代表大会常务委员会第六次会议通过;2004年8月28日,第十届全国人民代表大会常务委员会第十一次会议《关于修改＜中华人民共和国证券法＞的决定》第一次修正；2005年10月27日，第十届全国人民代表大会常务委员会第十八次会议修订；2013年6月29日，第十二届全国人民代表大会常务委员会第三次会议《关于修改＜中华人民共和国文物保护法＞等十二部法律的决定》第二次修正；2014年8月31日，第十二届全国人民代表大会常务委员会《关于修改＜中华人民共和国保险法＞等五部法律的决定》，其中对《证券法》进行了第三次修正。

2008年8月1日，《中华人民共和国反垄断法》（以下简称《反垄断法》）正式施行。《反垄断法》虽然在正式出台之后，尚未进行过修订，但是在出台之前，也曾经历了将近20年的波折期。

本书认为《公司法》《证券法》与《反垄断法》可以统称为并购法。

《公司法》前两次共修订了120余条，删减了80条左右，新增了55条左右，其中，仅有25条未进行修改。2005年10月27日《证券法》修改之后，其中共修改了163条，删减了27条，新增了53条，其中引用了8条《公司法》中的规定，仅有40条未进行修改。

由此也不难看出，《证券法》与《公司法》在结构的衔接上，同时做出了重大的调整。

《公司法》出台之后，其主要修订的内容如下：

1.对公司的资本制度进行了大幅度修改：降低了注册资本的最低限额；改变了注册资本缴付规定；扩大股东出资方式；取消了公司对外投资的比例限制；对非货币出资估价与实际价额之间的差价补救，做出了更加明确的规定；实缴资本的数量直接对权益有着较大影响。

2.将公司章程中的核心的任意性与授权性规范进行了扩展：进一步明确了公司章程的效力范围；在法人代表唯一性的基础上，确定了法人代表的可选择性原则；在一定程度上打破了同股同权。

3. 确立了违反《公司法》与公司相关章程的可诉性，明确了高管层在违反《公司法》或是公司章程时，都需要按照规定进行补偿，受害者可以向法院提出诉讼。

4. 调整了公司财务会计制度，推动了公司运营和监管的实际需要：公司需要建立明确的财会制度；依法进行股东分红。

《公司法》的出台与修订，在一定程度上为企业规避了市场风险，同时也促进了企业之间的并购。《证券法》的修订对企业的市场行为也必然会产生影响：调整了法律框架，为市场预留了相应的发展空间，同时也为拓展市场、创新证券交易产品提供了法律空间；在发行与上市体制方面，进行了相应的改革，引用了《公司法》中的法规，明确了构成公开发行的条件；对证券交易所的性质、设立、组织机构、职责等制定了新的规定，取消了当日买入的证券不得当日卖出的规定，这些新的变化对市场的健康快速发展起到了积极的引导作用。

不管是《公司法》《证券法》抑或是《反垄断法》，不仅保护了企业和投资者的合法权益，促进了企业的发展，更是为了保障市场的公平稳定发展。这第三部并购法律主要还是针对企业与市场之间的发展与和谐关系。

解读《上市公司重大资产重组管理办法》重点修订的内容

2014年10月23日，证监会发布《上市公司重大资产重组管理办法》，并宣布于2014年11月23日起正式施行。

《上市公司重大资产重组管理办法》是根据《公司法》《证券法》等相

关法律规定演变而来，主要是为了规范上市公司的重大资产重组行为，同时也保护了上市公司与投资者的合法权益，维护证券市场的稳定秩序。

为了提高上市公司的企业质量，2016年9月1日，中国证监会2016年第10次主席办公会议审议通过《关于修改〈上市公司重大资产重组管理办法〉的决定》。

《关于修改〈上市公司重大资产重组管理办法〉的决定》修改如下：

一、第十三条修改为："上市公司自控制权发生变更之日起60个月内，向收购人及其关联人购买资产，导致上市公司发生以下根本变化情形之一的，构成重大资产重组，应当按照本办法的规定报经中国证监会核准：

"（一）购买的资产总额占上市公司控制权发生变更的前一个会计年度经审计的合并财务会计报告期末资产总额的比例达到100%以上；

"（二）购买的资产在最近一个会计年度所产生的营业收入占上市公司控制权发生变更的前一个会计年度经审计的合并财务会计报告营业收入的比例达到100%以上；

"（三）购买的资产在最近一个会计年度所产生的净利润占上市公司控制权发生变更的前一个会计年度经审计的合并财务会计报告净利润的比例达到100%以上；

"（四）购买的资产净额占上市公司控制权发生变更的前一个会计年度经审计的合并财务会计报告期末净资产额的比例达到100%以上；

"（五）为购买资产发行的股份占上市公司首次向收购人及其关联人购买资产的董事会决议前一个交易日的股份的比例达到100%以上；

"（六）上市公司向收购人及其关联人购买资产虽未达到本款第（一）至第（五）项标准，但可能导致上市公司主营业务发生根本变化；

"（七）中国证监会认定的可能导致上市公司发生根本变化的其他情形。

"上市公司实施前款规定的重大资产重组，应当符合下列规定：

"（一）符合本办法第十一条、第四十三条规定的要求；

"（二）上市公司购买的资产对应的经营实体应当是股份有限公司或者有限责任公司，且符合《首次公开发行股票并上市管理办法》规定的其他发行条件；

"（三）上市公司及其最近3年内的控股股东、实际控制人不存在因涉嫌犯罪正被司法机关立案侦查或涉嫌违法违规正被中国证监会立案调查的情形，但是，涉嫌犯罪或违法违规的行为已经终止满3年，交易方案能够消除该行为可能造成的不良后果，且不影响对相关行为人追究责任的除外；

"（四）上市公司及其控股股东、实际控制人最近12个月内未受到证券交易所公开谴责，不存在其他重大失信行为；

"（五）本次重大资产重组不存在中国证监会认定的可能损害投资者合法权益，或者违背公开、公平、公正原则的其他情形。

"上市公司通过发行股份购买资产进行重大资产重组的，适用《证券法》和中国证监会的相关规定。

"本条第一款所称控制权，按照《上市公司收购管理办法》第八十四条的规定进行认定。上市公司股权分散，董事、高级管理人员可以支配公司重大的财务和经营决策的，视为具有上市公司控制权。

"创业板上市公司自控制权发生变更之日起，向收购人及其关联人购买资产，不得导致本条第一款规定的任一情形。

"上市公司自控制权发生变更之日起，向收购人及其关联人购买的资产属于金融、创业投资等特定行业的，由中国证监会另行规定。"

这一条款的修订明确了"借壳上市"的定义，且第一次就实质借壳上市的期间做了明确的时间限定，即在控制权发生变更之日起60个月内，使得条文的行为更为高效。同时，此条文的修订，还在被购买资产中添加了营业收入、净利润以及资产净额三个指标，一定程度上遏制了企业借壳上市案例的发生。

在此项新规定的约束下，企业突破借壳上市的途径只有两个，一是"控制权"，二是"收购人及其关联人"。

二、第十四条第一款第（一）项修改为："购买的资产为股权的，其资产总额以被投资企业的资产总额与该项投资所占股权比例的乘积和成交金额二者中的较高者为准，营业收入以被投资企业的营业收入与该项投资所占股权比例的乘积为准，资产净额以被投资企业的净资产额与该项投资所占股权比例的乘积和成交金额二者中的较高者为准；出售的资产为股权的，其资产总额、营业收入以及资产净额分别以被投资企业的资产总额、营业收入以及净资产额与该项投资所占股权比例的乘积为准。

"购买股权导致上市公司取得被投资企业控股权的，其资产总额以被投资企业的资产总额和成交金额二者中的较高者为准，营业收入以被投资企业的营业收入为准，净利润以被投资企业扣除非经常性损益前后的净利润的较高者为准，资产净额以被投资企业的净资产额和成交金额二者中的较高者为准；出售股权导致上市公司丧失被投资企业控股权的，其资产总额、营业收入以及资产净额分别以被投资企业的资产总额、营业收入以及净资产额为准。"

第十四条第一款第（四）项修改为："上市公司在12个月内连续对同一或者相关资产进行购买、出售的，以其累计数分别计算相应数额。已按照本办法的规定编制并披露重大资产重组报告书的资产交易行为，无须纳入累计计算的范围。中国证监会对本办法第十三条第一款规定的重大资产重组的累计期限和范围另有规定的，从其规定。"

此条条款对净利润的指标进行了更明确的定义，同时在时间上对上市公司进行了一定的限制，规避借壳上市或是上市公司重大资产重组方法。

三、第四十四条第一款修改为："上市公司发行股份购买资产的，除属于本办法第十三条第一款规定的交易情形外,可以同时募集部分配套资金,其定价方式按照现行相关规定办理。"

这一修订直接点明了借壳上市不允许配套募集资金,没有配套募集资金的借壳上市,减少了外来资金的来源,同时也调节了财务数据,此条款可以更好地保护公司安全,同时也有效避免了为牟取私利而选择借壳上市的企业的不当行为。

四、第四十六条增加一款,作为第二款:"属于本办法第十三条第一款规定的交易情形的,上市公司原控股股东、原实际控制人及其控制的关联人,以及在交易过程中从该等主体直接或间接受让该上市公司股份的特定对象应当公开承诺,在本次交易完成后36个月内不转让其在该上市公司中拥有权益的股份;除收购人及其关联人以外的特定对象应当公开承诺,其以资产认购而取得的上市公司股份自股份发行结束之日起24个月内不得转让。"

在以往的市场中,借壳上市的频频发生使得"壳"的价值越来越高,有失公平、公正、公开的市场原则。而新条款的执行,则明确规定上市公司原控股股东要在借壳上市完成后锁定36个月,同时要求被购买资产的其他股东锁定24个月,这样可以有效杜绝其余企业赚取入股前后高额价差。

五、第五十三条增加一款,作为第二款:"未经中国证监会核准擅自实施本办法第十三条第一款规定的重大资产重组,交易尚未完成的,中国证监会责令上市公司补充披露相关信息、暂停交易并按照本办法第十三条的规定报送申请文件;交易已经完成的,可以处以警告、罚款,并对有关责任人员采取市场禁入的措施;涉嫌犯罪的,依法移送司法机关追究刑事责任。"

这一条文可以说是一项兜底条款,将重大资产重组方案是否规避上市的判断完全交付给中国证监会。但是该条法律的修改并没有对企业借壳上市的行为进行有效的限制与说明,所以,本人认为,有关部门还是需要以更为明确的法律规定填补借壳上市行为的漏洞。

《上市公司重大资产重组管理办法》的修订,有效地完善了市场经济原本的漏洞,维护了市场经济的稳定。

《上市公司重大资产重组管理办法》修订释放出的信号

2016年9月,中国证监会发布了《关于修改〈上市公司重大资产重组管理办法〉的决定》(以下简称《新重组管理办法》)、《关于修改＜上市公司重大资产重组相关股票异常交易监管的暂行规定＞的决定》、《〈上市公司重大资产重组管理办法〉第十三条、第四十三条的适用意见——证券期货法律适用意见第12号》(以下合称"重组新规")。其实,早在2014年11月23日,中国证监会就对《上市公司重大资产重组管理办法》进行了部分修订,而此次的修订对资本市场而言无疑是一个重要信号。

《上市公司重大资产重组管理办法》自修订之后,对企业方面进行了更为详细的规定与限制。

1.《上市公司重大资产重组管理办法》明确了累计首次的市场原则的期限为60个月,同时强调了这一规定不适用于创业板公司和金融创投行业,这两种公司必须遵循原口径累计原则。

这一规定让控制权变更认定变得更为严谨,累计首次原则实际是针对之前存在的分步收购规避借壳做法。

2.如果有更加复杂的规避借壳交易方案的出现,可利用兜底原则对其进行有效规避。

3. 进一步细化老股转让行为，并对此加以限制销售，即"在交易过程中从该等主体直接或间接受让该上市公司股份的特定对象应当公开承诺，在本次交易完成后36个月内不转让其在该上市公司中拥有权益的股份"。

"老股转让"即上市公司在借壳上市之前，向非关联第三方转让一部分流动股。这是借壳上市方案中重要的构成部分，企业一直所关注的壳费也隐藏其中。《上市公司重大资产重组管理办法》中也明确规定了对该部分股权需要进行限制销售。该项条款的出台，对交易对价的博弈谈判和壳费支付的时间进程会产生较大影响。

4. 规定修订之后，新规定尚未出台的过渡阶段安排。对于过渡阶段的安排，中国证监会的统计口径一共是8家公司，这8家公司已经通过了股东大会的批准，其中便包含顺丰借壳鼎泰新材上市项目。由此可见，该类公司是按照修订之前的《上市公司重大资产重组管理办法》执行的，并不受其修订后的影响。

《上市公司重大资产重组管理办法》对公司重组上市进行了严格的监管，为了使新旧规定有效衔接，《上市公司重大资产重组管理办法》生效之后，重组上市方案未经上市公司股东大会批准的，上市公司董事会和中介机构应当充分核查其是否符合新规定的条款。

5. 关于"净利润"认定指标。如果取消"净利润"指标，对亏损、微利上市公司"养壳"现象会缺乏有效阻抑手段，削弱市场制度的"刚性"。考虑到这方面原因,《上市公司重大资产重组管理办法》中仍保留了之前的认定指标。

6.《上市公司重大资产重组管理办法》里对"冷淡期"也进行了重新修订，将原本的3个月冷淡期改为1个月。换言之，上市公司终止重大资产重组时，都会根据《上市公司重大资产重组管理办法》等相关规定来实施。

为了更好地贯彻落实"依法监管、全面监管"的理念，进一步规范重组上市的上市行为，《新重组管理办法》于2016年9月9日正式发布，发布之日即时施行。《新重组管理办法》经过细致的修订，进一步完善了操作层面的相关制度，但其核心内容与修订之前保持一致，并没有进行较大改动。

即使面对征求意见反应较为集中的"净利润"指标、兜底条款也依然进行了保留和完善。证监会对各种征求意见的取舍始终围绕扼制壳炒作的目标，同时也避免了降低退市制度的引导效用。

2011年修订的《上市公司重大资产重组管理办法》中首次提出"借壳上市"的判断标准，并同时规定了借壳上市应该满足持续经营和净利润IPO两个标准。之后，2014年修订的《上市公司重大资产重组管理办法》首次明确了借壳上市审核等同IPO。根据旧的《上市公司重大资产重组管理办法》，借壳上市需要满足两个标准：控制权和交易规模。控制权需要满足的条件是控制权已发生变更，交易规模需要满足上市公司在控制权发生变更后向收购人及其关联人购买资产总额≥上市公司控制权变更前一个会计年度经审计合并财务会计报告期末资产总额的100%。

其实，《新重组管理办法》的修订，在一定程度上为企业所借的"壳"实施了降温措施。

1. 规定了"壳"的负面条件。《新重组管理办法》第十三条规定，上市公司及其最近3年内的控股股东、实际控制人不存在因涉嫌犯罪正被司法机关立案侦查或涉嫌违法违规被中国证监会立案调查的情形，或者涉嫌犯罪或违法违规的行为终止已满36个月；上市公司及其控股股东、实际控制人最近12个月内未受到证券交易所公开谴责，不存在其他重大失信行为。这一条款的修订，直接限制了存在法律缺陷的壳公司上市重组的道路。

2. 《新重组管理办法》第四十四条规定，如果构成借壳上市，则不能享受上市公司重大资产重组的配套融资"一次审核，两次发行"福利。这一条款一方面减弱了"壳"的吸引力，另一方面也对对标公司提高了资产质量的要求。

3.《新重组管理办法》第五十三条增加了对规避借壳行为的监管措施：交易已完成的，可以处以警告、罚款，并对有关责任人员采取市场禁入的措施，构成犯罪的，依法移送司法机关。这一条款的增加，加强了法律监管强度，使得各方以更加谨慎的态度进行重组行为。

可以说，2014年中国证监会关于《上市公司重大资产重组管理办法》的修订，主要是围绕"借壳上市"进行，主要目的是降低"壳"的价格，从而恢复市场估值体系，完善市场估值体系，通过支持并购重组提升上市公司的质量，牵引更多的资金投向实体经济。

《新重组管理办法》发布的同日还发布了《关于修改〈上市公司重大资产重组相关股票异常交易监管的暂行规定〉》，这在一定程度上也证实了，中国证监会对企业并购重组仍是持支持与鼓励态度。

《证券法》中需要关注的重点信息

1999年7月1日，《中华人民共和国证券法》（以下简称"证券法"）正式开始实施，这是中华人民共和国自成立以来第一部依照国际惯例、由国家最高立法机构组织起草的经济法。但是，在这里证券有广义与狭义之分。广义的证券一般指运货单或是提货单等财务证券、支票或是汇票等货币证券、公司债券或是股票等资本证券；狭义的证券指的是资本证券。虽然证券分为广义与狭义，但是我国《证券法》规定的证券为股票、公司债券和国务院依法认定的其余证券。这里的其余证券主要是指投资基金份额、非公司企业债券、国家政府债券等。

随着时代的不断发展，市场经济的不断完善，《证券法》也在不断修改优化。2004年8月28日，第十届全国人民代表大会常务委员会第十一次会议通过《关于修改〈中华人民共和国证券法〉的决定》，自公布之日起施行；2005年10月27日，中华人民共和国第十届全国人民代表大会常务委员会第十八次会议通过《中华人民共和国证券法》的修订，自2006年1月1日起施行；2013年6月29日，第十二届全国人民代表大会常务委员会第三次会议通过《关于修改〈中华人民共和国文物保护法〉等十二部法律的决定》，自公布之日起施行。

现行的《证券法》共有12章，共计240条，在这240条中需要关注以下几个重点信息：

第一，上市公司公开发行新股。其发行的一般条件为该公司具备健全且运行良好的组织机构，并且具有持续盈利能力，公司财务状况良好，最重要的一点便是在最近的36个月内财务会计文件无虚假记录，该公司更不能存在任何重大违法行为。配股条件则是拟配售股份数量不超过本次配售前总股本的30%。其增发条件是在近三个月中，会计年度ROE（即加权平均净资产收益率）平均不得低于6%。

第二，上市公司非公开发行股票条件：其发行对象不得多于十名；发行价格不得低于定价基准日前20个工作日公司股票的90%；此次发行的股份自发行结束之日起，12个月内不得转让；控股股东、实际控制人及其控制的企业认购的股份，36个月内不得转让。

第三，上市公司不得非公开发行股票的情形：在此次股票发行的申请文件中存在虚假记载、重大遗漏甚至是误导性语言陈述；上市公司的利益受到股东或是实际掌权人控制的损害，并且还未将其消除；上市公司及其附属公司在规定范围外对外提供担保,并且还尚未解除担保关系;上市公司的现任董事或是高管层在近36个月内,曾受到证监会的行政处罚,或者是在近12个月内曾受到证券交易所的公开谴责;上市公司或是高管层人员因涉嫌违法违规行为正被司法机关或是证监会立案调查;最近一年及其财务报表被注册会计师出具保留意见、否定意见或是无法表示意见的审计报告;对投资者的合法权利和社会公共利益造成了严重的损害。

第四,公司债券公开发行对象中的合格投资者。投资者应当具备一定的风险识别能力和承担能力,自觉承担公司债券的投资风险。同时公司也要具备以下条件:通过相关金融监管部门批准的金融机构;上述经批准的金融机构向投资者所发行的理财产品;净资产不得少于1000万元人民币的企事业单位法人;个人投资者名下的金融资产不得低于300万元人民币;经证监会认可的合格投资者。

第五,公司发行公司债券。其首要条件便是股份有限公司的净资产必须高于3000万元人民币,有限责任公司的净资产必须高于6000万元人民币;其累计债券余额不得超过公司净资产的40%;并且最近三年平均可分配利润可以支付起公司债券一年的利息。

公司如果在36个月之内,其财务会计文件存在虚假记录,或是企业存在其他重大违法行为;在此次股票发行的申请文件中存在虚假记载、重大遗漏甚至是误导性语言陈述;对已发行的公司债券或是其他债务有违约或是延迟支付的行为,对投资者的合法权利和社会公共利益造成了严重的损害,该公司都不得公开发行公司债券。

对于公开发行公司债券也有相应的程序要求:需委托"具有从事证券服务业务资格的资信评级机构"进行信用评级;中国证监会自受理发行申请文件之日起3个月内,做出是否核准的决定,并出具有关文件;公司公开发行债券,可以申请一次核准,分期发行,如果申请通过,公司则需要在发行之日起，在12个月完成首期发行，剩余数量则需要在24个月之内完成发行；公开公司发行债券的募集说明书自最终的签署之日起，在6个月之内有效。

第六，股票交易限制。证券交易所、证券公司与证券登记结算机构的从业人员、证券监督管理机构的工作人员以及证券法律、行政法规禁止参与股票交易的其他人员，在法定限期或是任期内，不得直接、借用他人名义或以化名方式持有与买卖股票，同时不允许接收他人所赠送的股票。

第七，股票上市所具备的条件：公司股本总额不得少于3000万元人民币；公司在近三年内无重大违法行为，并且财务会计报告无虚假记载；公开发行股票达到公司股份总数的25%以上，公司股本总额多于4亿元人民币，公开发行股份占10%以上的份额比例。

第八，公司债券上市交易的两个条件：一年以上的公司债券期限；5000万元人民币以上的公司债券实际发行量。

第九，证券投资基金上市，首先需要具备五年以上的基金合同期限；其次是需要有2亿元人民币的基金募集金额；最后便是拥有不少于1000人的基金份额持有人。

第十，公司的内幕信息包括：应报送临时报告的重大事件；公司分配股利或者增资的计划；公司股权结构的重大变化；公司债务担保的重大变更；公司营业用主要资产的抵押、出售或者报废一次超过该资产的30%；公司的董事、监事、高级管理人员的行为可能依法承担重大损害赔偿责任；上市公司收购的有关方案；国务院证券监督管理机构认定的对证券交易价格有显著影响的其他重要信息。

第十一，表明已经取得或是拥有上市公司控制权的情况：投资者为上市公司持股50%以上的控股股东；投资者可以实际支配上市公司股份表决权超过30%；投资者通过实际支配上市公司股份表决权能够决定公司董事会半数以上成员选任；投资者依其可实际支配的上市公司股份表决权足以对公司股东大会的决议产生重大影响；中国证监会认定的其他情形。

第十二，要约收购。投资者持有一个上市公司的股份达到30%（含直接持有和间接持有）的，投资者继续增持股份时，依法向上市公司所有股东发出收购上市公司全部或者部分股份的要约。

收购要约约定的收购期限不得少于30日，并不得超过60日，但是出现竞争要约的除外。

在收购要约确定的承诺期限内，收购人不得撤销其收购要约。

《证券法》的三次修订，可以更好地约束公司和市场行为。公司在发展壮大的同时，必须严格遵循法律法规，在法律允许的范围内开展公司业务。

第八章
如何实现反并购、反收购

　　世界万物都有对立面，资本市场中亦是如此。企业之间有并购行为，那么，也一定会存在反并购行为。如果说资本市场是一个群雄逐鹿的战场，那么并购与反并购便是这个战场中最为激烈的战役。

　　早在 20 世纪，敌意并购便席卷了全球各个大陆。在经历多次敌意并购之后，反并购行为也应运而生，各种反并购措施也逐渐被企业运用到实战之中。此外，各个国家对并购与反并购都进行了明确的法律约束，并对该行为制定了严格的具体措施。

　　在如今这个全流通的时代，上市公司又该怎样正确地应对并购行为呢？

并购与反并购的法律约束和具体措施

从古至今，国家与国家之间进行了无数次充满硝烟的战争，但是在经济市场中，却在经历着"无硝烟的战争"，那就是企业之间的并购行为。在这一无硝烟的战争中，存在着攻、守两方。

既然存在着攻方的并购行为，那么也就会存在它的对立面——守方的反并购行为。

企业并购，已然成为我国市场经济的热点，也成为企业提升核心竞争力、提高生产水平的有效手段。美国著名经济学家乔治·施帝格勒曾说："没有一个美国大公司不是通过某种程度、某种方式的并购收购而成长起来的，几乎没有一家大公司主要是靠内部扩张成长起来的。"

正是因为企业之间的并购，我国的很多企业才得以快速发展。当然，企业的并购也存在着法律的约束。

市场经济中，不管是并购行为还是反并购行为都受到《公司法》《证券法》《股票发行与交易管理暂行条例》《上市公司章程指引》《股份有限公司国有股权管理暂行办法》、中国证监会《关于规范上市公司重大购买或出售资产行为的通知》、国家税务总局《关于企业股权投资业务若干所得税问题的通知》和《关于企业合并分立业务有关所得税问题的通知》以及上海证券交易所和深圳证券交易所《股票上市规则》等法律法规以及根据这些法律文件制定的有关行政规章和规则的约束。

其中《公司法》对企业的并购进行了明确的界定：公司合并可以采取吸收合并和新设合并两种形式。一个公司吸收其他公司为吸收合并，被吸

第八章
如何实现反并购、反收购

收的公司解散；两个以上公司合并设立一个新的公司为新设合并，合并各方解散，公司合并时，合并各方的债权、债务，应当由合并后存续的公司或者新设的公司承继。《证券法》规定，上市公司收购可以采用要约收购、协议收购及其他合法的方式进行企业并购。在不久前刚刚通过的《上市公司收购管理办法》则对上市公司收购做出了最新的界定：上市公司收购就是投资者通过股份转让活动或股份控制关系获得对一个上市公司的实际控制权的行为。投资者进行上市公司收购，可以采用要约收购、协议收购和证券交易所的集中竞价交易等多种方式进行。允许依法可转让证券和其他合法支付手段作为上市公司收购的对价，解决上市公司收购中可能出现的现金不足问题。

1990年之后，我国便开始制定外资并购法律规定。1997年，对外贸易经济合作部[①]和国家工商行政管理局[②]联合印发《外商投资企业投资者股权变更的若干规定》的通知，其中规定对三类外资企业的投资者或其在企业的出资份额发生变化应履行的审批变更登记手续做了规定。随后又有《中外合资经营企业合营各方出资的若干规定》《关于国有企业利用外商投资进行资产重组的暂行规定》《关于外商投资企业合并与分立的规定》《关于外商投资企业境内投资的暂行规定》《关于上市公司涉及外商投资有关问题的若干意见》和《外资参股政权公司设立规则》等都对外商并购活动做了规定。

针对企业并购与反并购措施有了具体的法律法规，也就意味着并购与反并购行为有了法律依据。

---

① 对外贸易经济合作部成立于1993年3月16日，于2003年3月整合为商务部。
② 2001年4月，国家工商行政管理局更名为国家工商行政管理总局；2018年3月13日，十三届全国人大一次会议审议国务院机构改革方案，组建国家市场监督管理总局，不再保留国家工商行政管理总局。

国内上市公司在流通股和非流通股的股权分置状态下，大多会选择非流通股。因为与流通股的股价相比，非流通股的股价平均低一半以上。

虽然市场经济必须存在企业并购行为，但这种行为必须受到法律的约束。例如，美国的《谢尔曼法》《克雷顿法》《威廉斯法》《哈特—斯各特—罗狄诺法》和欧盟的《罗马条约》等，都是针对并购制定的法律。而我国针对企业并购行为进行法律约束的主要依据是《公司法》《证券法》《上市公司收购管理办法》等。其中，《证券法》中主要是针对企业成为上市公司时，对要约收购与协议收购做了一系列的规定，例如，收购条件、程序与监管等。《公司法》中则规定了企业必须获得2/3以上股东的同意，并且股份公司还必须获得国务院授权部门或省级人民政府的批准，该企业才能被并购。

而对于那些并购企业并非是上市公司的情况，股东转让出资就需要经过股东会研究讨论，如果股东向股东以外的人转让出资，则需要经过半数以上的股东同意，才能实现股东转让。其中不同意的股东，需要购买其转让的出资，如果没有购买其转让出资，则会被默认为同意转让。

2006年，中国证监会颁布《上市公司收购管理办法》，其中规定要约收购价格和比例自定，相关限制相对放松。要约的方式不仅局限于对第一大股东的收购，也适用于收集股票；同时要约也并一定非是全部要约，也可以进行部分要约，但是部分要约的上限比例为30%，并且要约方式必须公开透明，这样利于有关部门监管。

除了上述法律，我国还有多部法律针对企业并购方面，其中关于税法方面的有：《中华人民共和国企业所得税暂行条例》；知识产权法方面的有：《中华人民共和国著作权法》《中华人民共和国商标法》《中华人民共和国反不正当竞争法》《中华人民共和国专利法》；消费者保护法方面的有：《中华人民共和国消费者权益保护法》《中华人民共和国产品质量法》；环境保

第八章
如何实现反并购、反收购

护法方面的有:《宪法》《中华人民共和国环境保护法》等规定;劳动法有:《中华人民共和国宪法》《中华人民共和国劳动法》等规定;反垄断法方面的有:《中华人民共和国反不正当竞争法》《中华人民共和国价格法》《外国投资者并购境内企业暂行规定》《中华人民共和国反垄断法》。

说起企业并购行为,就不得不提到万达集团收购世界排名第二的美国AMC影院公司的案例。

AMC影院公司拥有346家影院,规模如此之大的公司,却长期处于亏损状态。AMC影院相关人士对外解释称,AMC影院此前一直是高负债运营,之前的收益大多用来偿还债务。

2010年,作为亚洲第一影院公司,万达集团与AMC影院的公司股东与管理层洽谈企业并购事宜。2012年,万达集团与AMC影院签约之后,完成中美两国相关机构的审批,正式交割。

收购AMC影院之后,万达集团不仅进一步增强了自身的专业实力,也巩固了其在该行业的龙头地位。

市场之中,反并购是应对并购的一种手段。虽然反并购是为了防止敌意收购,但反并购也不能"为所欲为"。中国香港地区的《公司收购与合并守则》第四条"禁止阻挠行动"规定:受要约公司的董事局一经接纳真正的要约,或当受要约公司的董事局有理由相信可能即将收到真正的要约时,在未得受要约公司股东在股东大会批准前,受要约公司的董事局在该公司事务上,不得采取任何行动,其效果足以阻挠该项要约或剥夺受要约公司股东判断该项要约利弊的机会。特别是受要约公司的董事局如果未取得该项批准,不得做出或协议做出以下行为:

①发行任何股份。

②就任何未发行股份发出或授予期权。

③增设或发行,或准许增设或发行任何证券,而该证券是负有转换为

191

该公司股份或认购该公司股份的权利。

④出售、处置或取得，或同意出售、处置或取得重大价值的资产。

⑤在日常业务过程以外订立合约，包括服务合约。

⑥促使该公司或其任何附属公司或联属公司购买或购回该公司的任何股份或为该等购买提供财政协助。凡该公司在之前已有合约义务，规定采取任何该等行动或凡出现其他特别情况，必须尽早在可能的情况下咨询执行人员，在适当的情况下，执行人员可能豁免须取得股东批准的一般性规定。

即使并购行为可以促进企业与市场经济的发展，但依然需要法律的约束；即便反并购行为的目的是对抗敌意收购，也不可以以此为由损害股东利益。

目标企业反并购策略选择

一个企业的资产重组与并购、破产行为，在市场中无时无刻不在进行，过去曾经进行，现在正在进行，未来也会继续进行。身处于波谲云诡的市场经济中，企业之间并购与反并购的斗争异常激烈。并购分为善意并购与敌意并购，对于敌意并购，目标企业自然也要坚决反击。

除了结构性并购防御措施和交易性并购防御措施之外，反并购行为还可以分为激增并购成本、构筑并购壁垒、设置并购障碍等。虽然反并购行为包含了多种措施，但还是需要根据企业自身的实际情况和法律规定，适当地采取其中一种或几种措施。

多数企业在被并购之前，都会采取事前反并购措施，"毒丸计划""驱鲨剂""重大合同控制权改变条款""降落伞条款"等相继诞生。

第八章
如何实现反并购、反收购

"毒丸计划"即股东权利计划,是指被并购企业以分红形式给予现有股东权利,使其在一定条件之时,可以以较低的价格购买企业的股票与债权。

"驱鲨剂"就是被并购企业董事通过股东大会在公司内部章程中所做出的一些条款,来增加并购企业取得被并购企业控制权的难度。被并购企业可以采取加强反并购条款的方法,来"对抗"并购企业的并购行为。

"重大合同控制权改变条款",是指企业的借款合同与重要合同中规定,当企业中一定比例的股权被收购者持有,并且原持有者已经失去了对企业的控制权,将与并购方合并时,也就意味着该借款合同加速到期。企业必须立刻开始偿还本金与利息,同时提前履行其在合同中的应尽义务。

"降落伞条款",也就是通常所讲的"高级雇员并购风险保证金",被并购企业在与其高级雇员所签订的劳动合同中,其中条约规定,一旦供职公司被收购,该员工可以自动提出辞职,并且可以获得一笔金额不低的辞职费或者是退休金。

当然,并不是所有的企业都会在事前采取措施,有些企业是在事后采取反并购措施。

事后反并购措施是指被并购企业在并购企业提出并购之后,或者是并购企业在开始实施并购后采取的法律措施,以阻碍并购方完成并购。其中包含"说服股东拒绝并购条约""股权控制法""白衣侍卫""资本结构变化""股权维持协议""提起诉讼""皇冠上的宝石"等。

"说服股东拒绝并购条约",也就是并购企业提出并购要约之后,被并购企业首先考虑的便是"动之以情,晓之以理",以言语方式说服股东拒绝收购要约。被收购企业可以利用公司资金宣传企业被并购之后的弊端。

"股权控制法",也被称为"白衣骑士",是指被并购企业的股东增加或者是保持在其企业的股份比例,该股份比例可以使该股东达到对企业的控制权。

"白衣侍卫",与"白衣骑士"相似,是指被并购企业将股权转让给友好公司,以增加并购企业的并购难度。两者之间的区别在于,被并购企业会与白衣侍卫签署"股权维持协议",不需要友好公司发出与第一收购方相对的收购要约,而白衣骑士则需要救援者发出收购要约与第一收购方进行竞争,最后获胜者,才可以成为最终的企业并购方。

"资本结构变化",可分为四种主要形式:资本结构调整、股份回购、增加债务与增发股票。其方法主要是通过调整被并购企业的资本结构以增加企业抗并购能力。

"股权维持协议",是指当被并购企业面临并购时,经营者与并购者达成协议,由被并购企业从并购企业手中以高于市场的价格购回其所持有的全部公司股份,从而换取收购者放弃收购或者是签署"股份维持协议",其目的就是保证并购企业在一定时间内,不增加持有公司股份或再次发动收购。

"提起诉讼",即从法律方面寻找并购企业的法律破绽,来挽救被并购的命运。

"皇冠上的宝石",就是被并购企业面对被并购的险情,进行资产重组,将资产向分公司或者是子公司出售,可以以次降低并购企业的并购意向。

目标企业面对着被并购的风险,自然会下意识地选择反抗,所以并购与反并购行为相伴相生,一直活跃在市场之中。接下来,我们就来讲几个运用反并购策略成功规避并购的企业案例。

将"毒丸计划"措施运用得最完美的是新浪与上海盛大网络发展有限公司(以下简称"盛大")的收购案。

2004年,盛大在美国纳斯达克成功上市。之后,盛大开始多方筹集资

第八章
如何实现反并购、反收购

金,不断在二级市场(即证券交易市场)收购新浪网的股票。当时的新浪高管层并没有十分在意,以为盛大只是进行普通的股权投资。过去了一个月之后,盛大忽然宣布,已持有新浪 19.5% 的股权。在中国市场经济中,企业 20% 的股权是一个临界点,如果一个企业持有其他企业 20% 的股权,这两家企业的财务报表就需要合并。所以,这个时候新浪才如梦初醒,意识到盛大是在敌意收购。对此,新浪紧急制订了"股权稀释毒丸计划"。

新浪所运用的"毒丸计划",就是让剩余股东以低价在二级市场购买新浪股票。只要盛大持有的新浪股权达到 20%,新浪的"毒丸计划"就会生效。届时,剩余的股东可以以低价购买新浪的增加股票,从而稀释新浪股份,使盛大所持有的新浪股权跌至 20% 以下。如果盛大继续在二级市场购买新浪股权,按照这个比例,强行收购新浪,盛大也许要付出巨额代价。面对新浪的"毒丸计划",盛大终于退步,放弃收购新浪。新浪打了一次成功的反收购战。

还有一个典型的反收购成功案例,那便是哈尔滨啤酒集团有限公司(以下简称"哈啤")联手 Anheuser-Busch Companies, Inc.(以下简称 AB)与全球最大的啤酒公司之一 SABMiller(以下简称 SAB)之间的战争。

2002 年 6 月,哈尔滨啤酒在香港上市,一年后,SAB 购入哈啤股份,以持股 29.41% 成为哈啤第一大股东,双方签订了排他性协定;同时哈尔滨市政府因持有 29.07% 股权,成为哈啤的第二大股东。

2004 年 3 月,哈尔滨市政府将其所持有的哈啤全部股权出售给 Global Conduit 公司,5 月,哈啤单方面宣布终止与 SAB 签订的排他性协议。5 月 2 日,全球第一大啤酒商 AB 宣布以每股 3.70 港元的价格从 Global Conduit 公司手中购买其所持有的全部股权。至此,SAB 与 AB 之间争夺哈啤股权的战争正式打响。

为了巩固和加强第一大股东的宝座,SAB 于 2004 年 5 月 4 日正式宣布以每股 4.30 港元全面要约收购哈啤，当时的收购价较哈啤停牌前溢价33.3%。

SAB 要约收购发出后，哈啤高管层与员工便表达了不满。当时的 SAB 虽然是哈啤的第一大股东，却与哈啤的管理层有嫌隙，哈啤的管理层更是打算利用这次的收购将 SAB 第一大股东的头衔拿掉。

在 SAB 与 AB 的股权争夺战中，哈啤决定采用"白衣骑士"的反并购策略来对抗 SAB，支持 AB 对哈啤进行收购。

2004 年 5 月 19 日，AB 所持哈啤股份已达到 29.07%，正式成为哈啤的第二大股东；5 月 24 日，SAB 正式公告要约收购书；5 月 31 日至 6 月 1 日，AB 以每股 5.58 港元的高价增加持有哈啤的股份比例，最终以 36% 的持股权跃升为哈啤的第一大股东；6 月 3 日，AB 全面要约收购哈啤，所出的收购价高出 SAB30%，SAB 败局已定。

这场争夺哈啤的股权战输赢已定，SAB 正式宣布撤销第一收购的决定，并且将所持股权转让给 AB。

在此次的股权争夺战中，哈啤完美地运用了"白衣骑士"的反收购方法，抵制了 SAB 的敌意收购。

所以，当企业面对敌意收购时，运用正确的反并购策略，往往能使企业反败为胜。

上市公司反敌意并购研究

随着市场经济的发展，并购在企业之间越来越活跃，而它也是市场经济与资本市场发展的必然产物。但是随着企业并购的大面积兴起，为了牟取

第八章
如何实现反并购、反收购

暴利、争夺企业控制权，敌意并购也应运而生。这在近代社会更是普遍。

之前我们已经大概了解了反并购策略，现在来研究一下上市公司反敌意并购的一些做法。

2011年3月28日至4月13日，浙江银泰投资有限公司与其关联方浙江银泰百货有限公司（以下简称"银泰系"）为了成为武汉武商集团股份有限公司（其证券简称为"鄂武商A"）的第一大股东，前后三次向鄂武商A增资。

作为鄂武商A原控股股东的武汉商联集团股份有限公司（以下简称"武商联"），在收到银泰系三次增值通知之后，当机立断，与经发投、开发投等公司原有股东共同签署了三份《战略合作协议》，几方成为一致行动人。正是这份协议，让"武商联"在银泰系三次的增资中没有被击退，保住了其控股股东的地位。

之后，为了阻止银泰系继续增资控股，武商联推出重大资产重组计划，而鄂武商A也因此暂时停牌。停牌期间，鄂武商A股东开发投向武汉市江汉区人民法院提起诉讼，诉讼理由是银泰系投资涉嫌违反我国外资收购上市公司的法律法规、在二级市场违规增持公司股份。

2011年6月9日，鄂武商A复牌，武商联为了扩大控股权，向其余股东发出部分要约收购，并在2012年7月25日完成收购，稳固了在鄂武商A的控股股东地位。

通过这个案例，我们不难看出，面对银泰系的敌意收购，武商联为了保全自己在鄂武商A的第一大股东的地位，采取了四种反并购策略。第一，通过与关联方签署《战略合作协议》，一致反击银泰系的增值收购；第二，通过股东制订重大资产重组计划，让公司暂时停牌，避免恶性竞价；第三，按照法律，向武汉市江汉区人民法院提起诉讼，通过法律途径保住自己控股股东的地位；第四，通过部分要约收购，来不断稳固自己在鄂武商A的控股权。

从国内外已有的成功反并购案例与我国经济市场的现状来看,上市公司预防敌意并购首先要做到四点:一是要有企业忧患意识,树立反敌意并购意识;二是对公司章程进行完善修改,做好反敌意并购的准备;三是将并购者的收益降至最低,使其无法在公司资产上牟利;四是政府相关部门与媒体需要为公司构建反敌意并购机制保驾护航。政府需尽快出台相关政策,媒体也应该加大对敌意并购危害的宣传。

对于中国这个处于转型期的资本市场而言,上市公司必须构建完善的反敌意并购机制,这有着十分重要的意义。首先,构建反敌意并购机制有利于推动上市公司治理,切实提高公司的整体治理水平。我国目前的资本市场尚未成熟,上市公司的治理还处于"幼年阶段",不管是抗外部风险能力还是抗干扰能力,都比较薄弱。所以,为了维护上市公司的长期稳定,确保上市公司的股权结构和控制权至关重要。我国大部分上市公司的公司章程均缺乏针对反敌意并购的相关内容,这是上市公司发展的弊端与缺陷。企业反敌意并购机制的建立,将有利于弥补公司管理的漏洞,并且可以通过对控股权和控制权频繁变动的制约,进一步完善对敌意收购的反击措施。

其次,有利于维护并购市场的健康秩序。当然,也有观点认为反敌意并购机制的建立,会影响甚至是降低并购市场效率。不过,事实证明,这种观点并不正确。成功并购案的出现,无一不是以并购双方拥有共同的利益基础为前提。被并购企业一旦自愿接受并购,就说明该企业大股东去意已决,这种情况多出现于该企业已陷于困境,且股东也无法挽回的局面。所以,当对产业转型与公司重整缺乏信心之后,企业都会通过被并购吸引新的大股东,通过资产与业务重组恢复企业的经济发展动力,从而达到双赢的局面。

再次,有利于资本市场由不成熟逐步走向成熟,更好地保护投资者的切身利益。成熟资本市场的建立是现阶段我国企业的战略目标。而这一战略目标的实现，则依赖于上市公司治理体系的完善与监管水平的提高。如果上市公司建立并完善了反并购机制，便可以防范敌意并购，有效阻止掏空上市公司等负面事件的出现，促使市场逐步走向成熟，维护市场的稳定。

最后，对确保和巩固国家对战略行业的控制有一定作用，同时也维护了国家经济安全。随着经济对外开放的进一步深化与我国并购时代的开启，外资企业对中国企业的并购进入了前所未有的机遇期。外资企业的并购目标通常是非竞争性资源垄断行业的公司，例如，公共事业、自然资源、金融与知名品牌等。这些行业均与国计民生息息相关，同时也是我国资本市场最核心的优质资产。所以，对于这些企业市场安全的保障，保证这些行业中的龙头企业对股权的绝对控制，关系到我国经济金融的安全。如果上市公司反敌意并购机制建立完善，就可以最大限度地避免这些公司的控制权旁落，从而维护国家经济金融的稳定。

全流通时代上市公司如何应对敌意收购

2005年5月19日，中国证监会出台了"股份分置改革实施方案"，从此之后，中国股市就开始迈向全流通时代。

全流通时代的到来，使得企业可以通过二级市场实现企业之间的并购重组，为企业之间的并购提供了更多的可行方案。这也使企业的并购重组数量日渐增长，再一次掀起了并购浪潮。

并购通常是为了提高企业的生产能力，从而提高经济效益。所以，多数目标企业股东对此都是乐见其成。但是，有些企业进行并购只是单纯地想要获取目标企业的控制权，并不在意目标企业的集体利益。对于这种并购，多数股东都是将其拒之门外的，然而并购企业并不会因此放弃，反而是会利用其他不正当手段完成此次的并购行为。随着时代的进步，市场的发展，这种敌意收购也在日益增加，面对时刻都会发生的敌意并购，上市公司该如何应付呢？

正所谓未雨绸缪，上市公司需要对潜在的敌意并购制定有针对性的防御措施，借此来减弱并购企业对其的兴趣。即使不幸遭遇了对方的敌意并购，也可以争取更多的时间进行自保与反击。

1. 建立合理完善的股权结构。

成功并购的关键是什么？是获得足够多的股权份额。如果上市公司建立了一个合理的股权结构，也就搭建了抵御敌意并购的第一道防线。具体来说分为两种，一种是绝对控股，就是持有公司50%以上的股权，这样不管并购方在二级市场收购多少比例的份额，都是在做无用功。另一种就是交叉持股或相互控股，也就是通过与友好公司进行交叉持股，使双方都持有对方的部分股权份额。当其中一方遭遇敌意收购时，可以让另一方锁定股份，降低遭受敌意并购的风险，这样的股份结构更加合理。在我国交叉持股并不违法，政府也允许这种股份结构的存在。

2. 实施董事会轮换制。

在公司章程中明确规定，每年只能更换1/3或1/4的董事，这就意味着即使并购企业收购再多的目标公司的股权份额，也无法完全掌握目标企业董事会的控制权。这种方法是市场上最为常见的一种，它既不影响公司股价，又能达到有效防范的目的。据调查，500家美国标准普尔指数的公司有50%左右都采用了这种策略。我国《公司法》等相关法律法规也没有禁止董事会轮换制，所以，这种反敌意收购措施在我国是适用的。

3. 制定绝大多数条款。

绝大多数条款就是在公司章程中规定，一旦涉及公司合并等重大决议，都必须经大多数表决权同意通过，大多数表决权一般都定为80%。如果要修改公司章程中的反收购条款，也必须通过绝对多数的股东同意，否则将不能更改公司相关章程。这也就意味着增加了收购者的收购难度和成本。我国《公司法》第一百零三条规定"股东大会做出决议，必须经出席会议的股东所持表决权过半数通过。但是，股东大会做出修改公司章程、增加或者减少注册资本的决议，以及公司合并、分立、解散或者变更公司形式的决议，必须经出席会议的股东所持表决权的三分之二以上通过"。这一法律条文便是对多数条款的规定。

4. 开展ESPO。

ESPO账户上的股票持有者通常情况下都是企业的内部人员，且所持有的股票不可以轻易转让。当企业面临敌意收购时，这一部分的股权就会加大并购公司的收购难度。我国现阶段正在积极推广ESPO，也有一部分企业打算实行ESPO，但是基于我国职工私钱有限，员工持股量较低，一般也很难达到预期效果。

5. 金、银、锡降落伞计划。

"金降落伞"是指当目标公司被收购之后，目标公司董事及高层管理者被解职的时候，收购公司需要向他们一次性支付巨额退休金、股票选择权收入或额外津贴。

"银降落伞"是指一旦目标公司被并购，收购公司有义务向被解雇的中层管理者支付少于"金降落伞"的保证金。

"锡降落伞"则是目标企业的员工在两年内被解雇，收购公司需要向其支付员工遣散费。

从反并购角度而言，这三个"降落伞"计划同样可以加大收购公司现金的支出，从而阻止并购。不过，如果将金、银、锡降落伞计划引入，可能会变相瓜分公司资产甚至是国有资产，也不利于激励公司员工勤勉工作，引入金、银、锡降落伞计划时，还是要慎之又慎。

既然有收购要约前的反并购策略，也就有收购要约后的反并购策略，我们将会在下一节详细讲解。

收购要约后的反收购策略

上市公司面对敌意收购的时候，虽然会采取事前防御措施，让收购企业知难而退，但也只能阻挡一部分企业。那些实力雄厚的企业，收购计划仍然会继续执行。如果企业不想束手就擒，就要予以反抗，当收购要约前的反收购策略无法阻止敌意并购，那么目标公司就要采取有效的收购要约后的反收购策略。

第一，股票回购。股票回购顾名思义便是目标企业的董事在股市购回企业股份。一方面不但可以控制在外流通的企业份额，另一方面可以提高企业的股价，增加收购成本，加大收购难度。

现行《公司法》第一百四十三条规定"公司不得收购本公司股份"。这一规定在很大程度上制约了股票回购策略的运用，虽然其中同时规定"股份奖励给本公司职工"属于例外情况，变相地为股票回购策略留下余地，但是又规定"股份奖励给本公司职工"的比例不得超过5%。所以在这种种的法律规定之下，股票回购策略并不容易达到理想状态。

第二，寻找"白衣骑士"。美国企业经常会运用这一策略，据相关数据显示，美国成功反并购案例，45%的企业都是运用了这种策略。这便可

第八章
如何实现反并购、反收购

以证明"白衣骑士"反并购策略是十分有效的。"白衣骑士"战略在我国企业中现在已经流传开来，不少企业在面对敌意并购时，会选择用该项策略来应对。"白衣骑士"战略在一定程度上保护了企业全体股民的利益安全，所以在我国，"白衣骑士"策略不仅没有法律障碍，反而得到了国家的鼓励与扶持。哈啤在面对SAB的收购时，就是快速地引入了AB这位"白衣骑士"才取得了最终的胜利。

所以说，"白衣骑士"这一反并购策略在我国市场中，同样可以起到较好的效果。

第三，"毒丸计划"和"焦土战术"。"毒丸计划"前文已做详细的解释，不再赘述。"焦土计划"，是指当上市企业面对敌意收购时，目标企业将收购企业感兴趣的子公司或是资产出售，或者是提高公司负债金额，借此来达到使收购企业放弃收购的目的。这显然就是一种"杀敌一万，自损八千"的反收购策略。

我国《上市公司收购管理办法》第三十三条规定"收购人做出提示性公告后至要约收购完成前，被收购公司除继续从事正常的经营活动或者执行股东大会已经做出的决议外，未经股东大会批准，被收购公司董事会不得通过处置公司资产、对外投资、调整公司主要业务、担保、贷款等方式，对公司的资产、负债、权益或者经营成果造成重大影响"。所以说，这种反收购策略在我国国内也是被法律禁止的。

第四，"帕克曼"策略。德国有一句俗语叫"进攻是最好的防御"，而"帕克曼"策略就严格遵循了这一观念。在市场上"帕克曼"策略也被称为小精灵防御术，也就是当上市企业遭遇敌意收购之后，目标企业对收购企业主动发起进攻，也向收购企业提出收购。但是这种策略会对目标企业的财务状况产生很大影响，只有在企业资金雄厚，并拥有便捷的融资渠道的情况下，才可以实施这一策略。如果双方实力相当，就要谨慎使用该策略，否则，很有可能会造成两败俱伤的局面，甚至是"鹬蚌相争，渔翁得利"，让第三方企业将两者兼并。

目前，我国还没有任何法律规定禁止企业使用这一反敌意收购策略。但是，任何上市企业在面对敌意收购时，还是要尽量避免"帕克曼"策略的使用，如果迫不得已使用该策略，也要根据企业自身情况，切记慎重。

第五，MBO（即管理层收购）。是指当上市企业面对敌意收购时，管理层通过融资这一方式，使自己从企业的经营者变成企业的所有者。

第六，寻求法律的保护。目标企业可以合法地根据反垄断、信息披露不充分、犯罪等理由，采取法律手段提出诉讼，使收购企业不得不提高收购价。

针对市场经济中的敌意收购，我国相关部门也制定了相关法律来保护目标企业。我国的《公司法》《上市公司收购管理办法》与《反垄断法》等法规中，都对收购程序、信息披露等收购行为做出了法律规范。目标企业可以以此为法律根据对敌意收购企业予以起诉。通过此策略，可以迫使收购企业提高其收购价，即使诉讼失败，也可以争取一定的时间，以寻求"白衣骑士"，或者是采取其他策略。

以上六种事后反并购策略，各有优劣，企业还是要依据自身实际情况来运用这些策略。下面我们就来介绍一个经典的反并购案例。

广州通百惠服务有限公司（以下简称"通百惠"）于1999年12月10日的竞拍中，拍下了山东胜利股份有限公司（以下简称"胜利股份"）的股票，以13.77%的持股份额晋升为胜利股份的第一大股东。面对对方的强势收购，胜利股份积极应对，利用关联企业山东盛邦企业有限公司（以下简称"山东盛邦"）先后购买了公司的股票，此后便一直持股，直至其持股份额达到15.34%，超过了通百惠，成功成为胜利股份的第一大股东。

通百惠第一次收购出师不利，但并未就此终止自己的计划，很快就对胜利股份发起了第二次收购。2003年3月中旬，通百惠再一次在竞拍中取得了胜利股份的股票，这使得其持有的胜利股份的股票份额又一次上升，达到了16.67%。与此同时，胜利股份再一次选择让山东盛邦增加持股，并让其持股份额达到17.35%。山东盛邦以17.35%的持股份额完胜了持股份额为16.67%的通百惠。在之后的委托征集战中，通百惠再一次铩羽而归，输给了山东盛邦，最终使得这一场收购战以失败告终。

胜利股份面对通百惠的敌意收购，当机立断选择了寻求"白衣骑士"——山东盛邦的帮助。通过与山东盛邦的联手，成功地挫败了通百惠的收购，保住了胜利股份管理层对企业的控制权。

所以，面对敌意收购时，企业要采取积极正确的反敌意收购策略，不要因一时之气，错用了策略，那样将会对企业造成不可弥补的损失。

反收购措施的合法性检验

随着我国经济的不断发展，市场中涌现了大批的收购案例，对企业产生了巨大的影响，这也使得企业之间的收购行为备受瞩目。其中最精彩的收购战役便是之前讲解过的盛大和新浪股份争夺战。

盛大和新浪股份争夺战可以说是正式拉开了我国市场的反收购的帷幕。另外，还有一点对反收购序幕的拉开起到了推波助澜的作用：股权分置改革的完成，使得国内上市公司的公司治理环境面临重大变化，为了提前预防敌意收购，上市公司在其公司的章程中，都会纳入反收购条款，以保全自身与企业的利益。

中国的反敌意收购起步不久，而美国在这一方面却日臻成熟。美国企业的反敌意收购可以说是历史悠久，早在20世纪60年代，大型上市企业成为收购目标的并购时代已然到来。与之前的善意收购截然不同，这一时期所实施的企业收购大多显现出了敌意收购的特征。

敌意收购必然会引出反收购措施的出现，但是基于美国国内的法律约束，反收购措施未能在此阶段得到发展与壮大。直至1975年至1991年间，敌意收购的浪潮在美国兴起，美国才开始在反收购相关法律方面不断进行修改与调整，反收购措施开始在企业收购行为中"大显身手"。

收购与反收购的角逐正式开始，从"金降落伞"到"锡降落伞"，从"白衣骑士""灰衣骑士"到"黑衣骑士"，攻守之势可谓是精彩纷呈，令人眼花缭乱。

随着世界范围的收购行为大规模兴起，中国作为经济发展最迅猛的国家，自然也无法避免。

2002年年末，我国QFII（即"合乎资格的外国机构投资者"）制度开始正式实施。2005年，我国修订《证券法》，修改了之前条款中"强制性全面收购义务"的制度。不得不说，这一制度的更改，使收购企业在持有30%的股权份额之后，全面要约义务得到暂时的放松。随后我国修改了《上市公司收购管理办法》，修改制定了相关法律条款，将企业之间的收购与反收购行为约束在合乎法律条款的框架之内，保证了市场和企业的稳定发展。

2006年，我国又出台了《外国投资者对上市公司战略投资管理办法》，规定自2006年3月1日起，在一定范围内允许外国战略投资者购买A股。这一法律条文的制定，开启了大型外国投资者战略性收购我国上市公司股份的大门，为外资进入中国市场开辟了另一条道路。自此之后，我国市场因外资所发生的上市企业收购数量呈直线上升。2005年，国内证券市场股权分置改革推进，我国进入了全流通时代。

第八章
如何实现反并购、反收购

股权分置改革的实施，促使企业流通股份额提升，上市企业股东对企业的控制权相对减弱。随着上市企业收购与反收购行为的不断展开，对于反收购措施合法性的要求就显得至关重要。

"无规矩，不成方圆"，即使企业面对敌意收购采取反收购措施时，也必须是在法律规定的范围内进行反击。面对不断兴起的收购与反收购浪潮，各国法律又将对此持怎样的态度呢？

美国对反收购行为的法律约束，分为联邦法与州法两个层面，同时也可以分为制定法与判例法两个体系。其中，联邦法对收购与反收购行为持中立态度，1968年的《威廉姆斯法》中规定，当目标企业在采取反收购措施时，需要进行充分的信息披露。

不得不说的是，在美国，反收购行为的法律限制多来源于各州公司法。与联邦法的中立态度不同，州法对收购措施持限制态度。相对的，企业的反收购行为就会取得法律优势。

在英国，《收购典法》在其基本原则中明确指出"受要约公司的董事会必须为该公司的整体利益而行动，不得剥夺该公司的证券持有人就要约的价值进行判断的权利"，并且在第2111条（b）项对董事会不得从事的行为做出了具体规定。之后又进一步规定，"在要约过程中，或者虽在要约日之前但受要约公司董事会有理由相信一项真正的要约可能即将发出，则董事会不得在未经股东大会批准的情况下，就公司事务采取任何行动，以使要约遭到挫败，或使股东没有机会对要约的价值做出决定"。

简言之，在英国，当敌意收购即将发生时，反收购策略的决策权在目标公司股东大会手中，而董事会无权阻碍敌意收购的进行。此外，英国公司法规定，《收购法典》规定之外的收购情况，只要合乎企业公司章程，董事会对是否采取反收购措施有决定权。

我国国内的收购与反收购行为均处于"幼年"时期，也因为受制于法律约束，目标企业在面对收购时，采取的反收购措施多为事前反收购措施。

2006年7月，中国证监会颁布了《上市公司收购管理办法》，其中第八条规定"不得滥用职权对收购设置不适当的障碍"。

市场经济中，收购与反收购是相对存在的。在我国，许多企业所采取的反收购措施，大多是从国外引进的经验。而在反收购过程中，政府与法律对反收购行为的干涉较大。

第九章
险资举牌的前车之鉴

从 2014 年年底险资举牌进入大众视野，到 2016 年年中险资举牌在中国大热，再到 2016 年年尾险资举牌受到监管部门的严格督查，短短两年，险资举牌就经历了大起大落的过程。

在这个过程中，险资或者说所有资本本身并没有过错可言，但在背后操作的人触及了"雷点"，才使其一次次被监管部门叫停。那么，目前险资举牌的操作方式究竟触及了哪些雷点呢？我们又能从这些教训中学到什么经验呢？

追述险资举牌的来历

2014 年年尾，安邦保险进行了大规模的海外投资和国内股票交易，开启了保险资金大规模进入资本市场的先例，同时也使保险资金进入大众视野。

很多专业人士对保险资金的凶猛早有耳闻，2015年年尾的"宝万之争"更是将其推向了风口浪尖，让大家见证了其凶猛程度。2016年，保险资金进入资本市场的脚步越来越大，行为作风也越来越猖狂，一度成为2016年年度最热门的话题。

到2016年年尾，原本一路绿灯的险资举牌突然被监管部门叫停，更是将关于险资举牌的讨论推向高潮。

事实上，险资举牌是带保险性质的资产投资，和信托、基金、银行理财等属同一范畴。因此具有杠杆效应，同时存在风险。

要明白何为险资举牌，首先要了解什么是举牌。《证券法》规定："通过证券交易所的证券交易，投资者持有或者通过协议、其他安排与他人共同持有一个上市公司已发行的股份达到5%时，应当在该事实发生之日起三日内，向国务院证券监督管理机构、证券交易所做出书面报告，通知该上市公司，并予公告。"业内将这一行为称为"举牌"。

在A股市场，公司A使用资金在二级市场大量买入公司B单只个股，买入数量通常超过企业股份的5%，这种行为称为举牌。这种现象可以解读为公司A十分看好公司B，但也可能是公司A有控股公司B的念头。

说得简单一点，就是公司A直接哄抢公司B的股票。需要说明的是，如果公司A想要在二级市场大量购买公司B的股票，应依照规定上报及披露具体情况。

而保险资金的定义相对来说更加简单，即从事保险行业的公司筹集的资金。当然，这部分资金需要满足一定的要求，并不是所有的保费都能够投入资本市场。比如，安邦保险在举牌万科时就应该披露资金来源。

从市场等多个角度综合来看，保险资金之所以大规模流入资本市场，原因主要可以归结为以下几点：

第九章
险资举牌的前车之鉴

1. 保费爆炸式增长，而投资渠道有限。

在2015年前后，许多保险公司的保费都呈现出大规模增长趋势，而这些公司多以资产驱动负债的模式发展，即将投资理财保险作为主要发展方向，利用银保渠道以及互联网平台以销售高现金价值产品的形式在短时间内使保费规模上升，这种经营模式往往伴随着比较高的负债成本，对提高资金投资收益有着比较高的市场需求。同时，由于市场利率走低、债券市场风险较高等问题，保险公司面临着比较严重的资产配置荒。综合考虑控制投资风险、保持资金流动性、增加投资收益等多个因素后，多家保险公司选择找准时机配置大盘蓝筹股。

2. 保险资金运用监管由紧到松。

中国保险业积累水平比较高，为举牌资本市场创造了可能性，但这种可能性的前提是投资监管政策放松。保险公司经营具有很强的特殊性，如果保险资金用来投资会有很高的风险，所以世界各地监管层对保险资金投资的监管力度一直很大。

2012年，中国保监会先后出台了一系列文件。在中国保监会于2012年10月22日公布的《关于保险资金投资有关金融产品的通知》（保监发〔2012〕91号）中明确指出："保险资金可以投资境内依法发行的商业银行理财产品、银行业金融机构信贷资产支持证券、信托公司集合资金信托计划、证券公司专项资产管理计划、保险资产管理公司基础设施投资计划、不动产投资计划和项目资产支持计划等金融产品。"虽然该通知还规定了："保险资金投资的理财产品，其资产投资范围限于境内市场的信贷资产、存款、货币市场工具及公开发行且评级在投资级以上的债券，且基础资产由发行银行独立负责投资管理，自主风险评级处于风险水平最低的一级至三级"，但无疑从政策上放宽了保险资金投资的范畴。

2014年，国务院印发了《国务院关于加快发展现代保险服务业的若干意见》(国发〔2014〕29号),意见指出,要充分发挥保险资金长期投资的独特优势。在保证安全性、收益性前提下,创新保险资金运用方式,提高保险资金配置效率。鼓励保险资金利用债权投资计划、股权投资计划等方式,支持重大基础设施、棚户区改造、城镇化建设等民生工程和国家重大工程。鼓励保险公司通过投资企业股权、债权、基金、资产支持计划等多种形式,在合理管控风险的前提下,为科技型企业、小微企业、战略性新兴产业等发展提供资金支持。研究制定保险资金投资创业投资基金相关政策。

随后,中国保监会一再放宽保险资金投资渠道,使其能够参与优先股、创业板等股票的投资。2015年以后,保险资金投资监管政策再度放松。保险资金投资监管政策由紧到松,意味着中国保险业正在走上与国际接轨的道路。正是在政策的允许下,保险资金找到了更多投资渠道。

3. 市场环境整体呈现低利率。

2014年前后,中国经济增速一直呈回落趋势。出于加快产业结构调整、保持经济稳定增长等因素的考虑,2014年以后,中国政府层面一直推行定向宽松的货币政策和财政政策,宏观经济逐步走入低利率的新常态。利率市场环境发生改变后,保险企业开始调整资产配置结构,期望接手长期、高收益的投资。由于市场环境的变化,资金拥有了不同的投资渠道,保险企业纷纷开始寻求最优质的投资渠道。

这种情况并不是中国保险企业的个例。20世纪90年代,日本也曾出现过低市场利率和高预定利率的情况,当时日本的保险公司把大量资金用到了股票、房地产等领域的投资上。从某种程度来看,我国2015年前后的保险资金举牌上市公司事件与20世纪90年代日本的保险业十分相似。

4. 由于利差损压力等因素,风险偏好得以提升,再加上通过"长期股权投资——权益法"核算,无论是投资收益、利润,还是偿付能力都有明显提高。

2015年到2016年第一季度万能险的无序增长促使很多企业选择险资举牌。2016年第一季度，万能险销售达到5969亿元，与前一年同期相比增长214%，在人身险规模保费中占比38%。安邦保险、前海人寿等非上市公司选择万能险成为低成本的融资工具，用以促使保费规模上升、占据更多市场份额。"万能险+股权投资"的模式促使大规模举牌行为发生，随之一同产生的可能是流动性、短钱长配、利益输送等问题。

5. 股市大幅波动，许多保险企业选择将保险资金投入资本市场。

2015年，杠杆资金进入资本市场和集中平仓使股价陷入了"时而暴涨，时而暴跌"的境遇。2015年6月前，上证指数大幅上涨，6月12日达到5178.19点。之后，事情急转直下，股市进入暴跌时期，8月25日，跌到最低2850.71点。从全年的数据来看，2015年全年上证指数累计增长9.41%，振幅71.95%。此次股市大幅波动风波使保险资金增持股份的成本大幅降低，保险资金举牌上市公司的情况开始大规模出现。

综合上述几个原因，中国资本市场涌入了大量的保险资金。险资举牌从无到有，再到大热，经历了以下两个演变过程。

事实上，A股市场上保险资金投资上市公司并非个例，保险类企业持股上市公司占比超过5%的情况也绝非没有，但这些情形都是"小打小闹"，并没有引起保险资金大规模举牌上市公司的事件，大多数投资者也不经过二级市场进行交易。

2013年到2015年两年间可以算作保险资金大规模举牌上市公司的第一阶段。这是一个相对安定、平稳的发展阶段。

2013年1月，生命人寿保险股份有限公司（以下简称"生命人寿"）购买金地（集团）股份有限公司（以下简称"金地集团"）的股份达到241745266股，持股比例达到5.41%，实现了首次举牌。但由于当时的市场环境，此次行动未在资本市场掀起波澜，金地集团股价经过数天上涨后和大市一同陷入长期盘整。也正是在这一年，生命人寿多次出手，以举牌的方式在资本市场上一战成名。除生命人寿外，安邦保险也于这一年首次举牌招商银行。

2014年，保险资金继续扫荡资本市场。2014年4月，安邦保险旗下的和谐健康险买入金融街控股股份有限公司股份151354068股，持股比例达到5%，达成举牌行为。同年12月，安邦保险首次举牌民生银行。

2015年，保险资金进入资本市场的脚步加快，许多保险企业举牌上市公司，多路保险资金先后加入。这一年，安邦保险举牌北京同仁堂股份有限公司、新疆金风科技股份有限公司、长春欧亚集团股份有限公司、大商股份有限公司等多家公司。同年，宝能系旗下的前海人寿举牌万科和中国南玻集团股份有限公司，生命人寿也开始举牌上海浦东发展银行股份有限公司。

从全局来看，2013年到2015年期间，中国险资举牌进入爆发式阶段。在这一阶段，中国证券市场有很多险资举牌案例，但多数举牌上市公司的保险企业目的都比较"单纯"，未表现出控制上市公司或影响上市公司管理的意图。

从2015年年底开始，这一状况被打破，一些保险资金升起控制上市公司经营管理决策的欲望，此时的险资举牌事件算是发展到了第二阶段。在这一阶段，保险资金进入资本市场的矛盾激化，许多问题暴露出来。

险资举牌潮从2015年下半年开始愈演愈烈，当年7月，保险公司以举牌方式大规模进军上市公司，且主要针对估值低、股息率及净资产收益率高的上市公司，这场风波约涉及了10家保险企业和50家上市公司。到2015年年底，宝能系开始连番举牌万科，以王石为代表的万科管理层的态度从最初的欢迎变成了抗拒，因为宝能系的做法在他们看来充满敌意。万科管理层以股票停牌的方式暂时躲过了宝能系举牌，这也成为"宝万大战"的开端。

到了 2016 年下半年，险资举牌的频率与 2015 年同期相比有所降低。此时险资举牌主要针对估值较低、股息率和净资产收益率较高、现金流稳定、股权不集中的上市公司，已经持有或重仓的股票也成为其首选目标。就行业来看，此次险资举牌风波中牵涉较多的是银行、地产、商贸等行业。

2016 年第二季度过后，中国保监会对万能险销售规模进行更加严格的监管、限制，险资举牌行为也受到限制，致使该时间段险资举牌数量骤减，很多人对此持观望态度。监管力度的加强对行业整体价值转型有积极作用，对于上市保险公司来说，也是增加其竞争优势的手段。

2017 年 2 月，在经历了万科数次停牌等事件后，中国保监会终于对前海人寿做出了"警告、罚款、撤销任职资格及行业禁入等处罚措施。

这意味着保险资金毫无顾忌、毫无收敛举牌上市公司的时代已经过去。

险资举牌为何大热

从"宝万大战"中我们可以看出，监管部门对险资举牌从最初的放任自流到严加管制，这不仅体现了险资举牌的火热程度，也体现了险资举牌盲目扩张和野蛮生长后带来的一些不利于社会稳定的影响。

从我国保险行业的发展速度来看，保险资金的大量囤积为保险行业寻求更高的利益回报点提供了基础。这也使得险资进入资本市场成为必然。随着政策逐渐放宽，低利率的市场环境也为"保险资金入市"增添了一股动力。

自 2015 年年初起，保费进入疯狂增长阶段，据《经济日报》2015 年 12 月 1 日发表的《前 10 月保险业原保费收入超 2 万亿》一文称："中国保监会今日发布的保险统计数据报告显示，2015 年 1～10 月，我国保险业实现原保险保费收入 20707.12 亿元，同比增长 19.68%。其中，产险业务原保险保费收入 6505.66 亿元，同比增长 10.84%；寿险业务原保险保费收入 11627.07 亿元，同比增长 21.17%；健康险业务原保险保费收入 2027.25 亿元，同比增长 48.35%；意外险业务原保险保费收入 547.15 亿元，同比增长 16.40%。"

这篇报道说明我国保险业形势一片大好。与此同时，利率下行成为时代大背景，人们对寿险理财型保险产品（如万能险、投连险）的关注度越来越高。如果说企业选择举牌的原因是改善财务报表，那么利差损和资产荒无疑将成为保险资金大规模入主股票市场的深层原因。根据此前国际方面积累的经验，由于利率下行、低利率环境等因素的影响，负债成本调整速度和资产收益速度相比明显落后。

再者，理财类保险产品市场份额上涨导致保险公司资源配置压力增加。一方面，许多产品赶在降息前推出，原假设利率高于实际水平，多数中小保险公司为了扩大公司规模，早就选择以万能险作为主要产品，对收益率更加看重；另一方面，由于利率下行的影响，固收类投资收益率持续下降，反映了权益资产的配置价值。

总而言之，由于利率下行以及资产配置凸显的种种问题，导致了保险资产的配置压力，这种压力促使险资举牌现象频频出现，而且持续了很长一段时间。

站在更直观的角度来看，保单持有人购买万能险不仅能够获得最低保本收益，还能得到投资收益，是一举两得、十分高效的投资行为。保险公司投资上市公司的行为，可以理解为支持实体经济的行为，保险资金其实就是大众的养老钱，也是长期资金。将这笔资金投入更优质的企业，且长期持有，能够在享受分红的同时，让更多中小投资者得到保障。同时，保险公司利用各种有力的投资手段，制造万能险结算利率较高的现象，能够在无形中宣传自己的公司，从而吸引更多用户投保，实现扩大公司规模的愿望。

另外，很多人认为保险资金入驻资本市场将会对资本市场的稳定起到积极作用。不可否认，保险资金具有规模大、期限长等优势，保险资金参与到金融市场或许可跨越经济周期，对维护资本市场稳定起到积极作用，甚至影响国家宏观经济转型的动向。但这一切要建立在保险资金举牌规范以及相关制度完善的前提下，从"宝万大战"的案例来看，中国目前尚不具备适合保险资金进入金融市场的条件。

有一部分企业利用险资举牌作为工具，以控制上市公司来做协同，提升自己的价值。具体操作上是先收购某保险公司，而后利用保险公司筹集的资金收购地产企业，最终带动"母企"的市场价值。

除了市场选择、企业发展动机等诱因以外，险资举牌本身带来的好处也是很多保险类企业不顾一切将资本投入市场的原因。

资本市场普遍认为，险资举牌发展前期能够带来以下几点好处：

1. 调动市场热情，活跃资本市场的积极性。

在险资举牌的最初发展中，保险公司举牌会考虑被举牌方偿付能力、管理能力等潜力因素，这是理性投资的一种。另外，保险公司举牌的同时也向市场发出了"该公司被低估"的声明。所以，投资者可以依照这一公开信息选择是否进行投资，并以此获得长期收益。在举牌公司股票价格反应方面，市场会给予相对乐观的反馈，购入者通常会在公告发布当日获得不少收益，而投资规模较小的投资者进行的短期投机举牌往往无法获得很大收益。

2. 引出更多关联交易。

能够涉足股市的保险公司往往具有较强的资产端管理能力以及资本运作能力。从长期发展的角度来看，为获得更多收益，保险公司获得某上市公司控制权后多半会进行一系列协同与关联交易，在二级市场构建可观的"资金池"，通过协同的方式发展。

3. 增加 A 股市场上机构投资者的占比，并使自身的资产负债表和利润表做大。

多数保险公司增加股票配置占比，增加资本市场投资者中机构投资者的占比，这是遵循资本市场发展规律的结果，也是保险资金实现多元化应用的必然经过。绝大部分保险公司举牌上市公司是带有目的性的，被举牌的公司通常具有部分共性，即举牌的公司净利润往往不低，且都符合国家产业政策。

从会计学角度来看，举牌后若持股达到 20% 以上或在上市公司派驻董事，那么此次举牌可以看作按权益法记账的长期股权投资。一张看起来很有价值的财务报表，将成为保险公司继续融资，保障企业现金流，并正常运营的关键。

4. 提升被举牌公司的股价。

站在上市公司的角度来看，险资举牌能够调动市场情绪，持续提升股价。如"险资举牌概念股"，在短时间内出现了十分可观的涨幅。在这种情况下，如果保险公司选择短线退出，将有可能得到较多的预期收益。

5. 满足实体经济融资需求。

保险公司数次购买上市公司的股票，当保险公司持有上市公司的股权达到一定比例，将会构成举牌现象。在新经济形势下，许多中国企业不得不面对一些挑战，诸如小微企业融资难题，与之形成鲜明对比的是保险行业数万亿元资金，只需要向小微企业投放一小部分，就能够改善其经营条件。彼时，中小企业融资瓶颈将得到极大改善，同时也有助于中国新经济的发展。也就是说，险资举牌能在一定程度上改善实体经济的融资瓶颈，同时保险资金能够在举牌后参与到被举牌上市公司的日常运营中，提供具有战略意义的规划方案，使其能够长期、健康发展。

6. 能够使保险公司于资本市场中的操作变得更多样。

保险公司举牌上市公司的目的多半是于短期内或长期谋取一定的投资收益。但从长期来看，这种类型的投资或许会牵出更多目的及投资形式。例如，保险公司出于扩展自身某种业务的目的去二级市场购买上市公司股票，或者出于参与看好的某公司经营的目的去二级市场购买上市公司股票。通过一系列资本运作，无论是保险公司还是二级市场，都能够获得更多活力。

在多重市场因素的作用下，险资举牌大热也就不足为奇了。

险资举牌存在哪些风险

中国改革开放的历史也是并购发展的历史：国有企业改革—国有企业私有化—外资并购、MBO、民营企业收购—国有化、国进民退……

几乎每一个阶段都包括并购重组。2016 年前后，险资举牌成为市场经济中最大的热点。不可否认，在 2016 年的中国市场上，险资举牌上市公司的规模越来越大，但是当投资范围、投资渠道变得更加广阔，险资举牌的风险也显现出来。

早在 2015 年 12 月 29 日，中国保监会就召开了"保险资产负债管理风险防范工作会议"。在会议上，中国保监会副主席陈文辉宣布，"偿二代"（即《中国第二代偿付能力监管制度体系建设规划》）拟定于 2016 年第一季度实施,该文件提示了保险资金在二级市场上进行股权争夺时会遇到的风险。同时表示,"偿二代"提出后的一段时间内,险资举牌上市公司的热潮或将冷静下来。

但从宝能系于2016年上半年仍大规模购买万科股份的事件来看,"偿二代"似乎未能发挥其重要作用,为保险资金流入资本市场划定线路。

站在资产端的角度,2015年后半年保险投资渠道越来越多,与此同时,大类资产监管对保险公司的监督未能达到预定要求,尤其是偿付能力监管,要比资产端、负债端的改革落后许多。

2016年以后,为进一步加大万能险业务发展的监管力度,落实"保险姓保"等问题,中国保监会连续出台《关于规范中短存续期人身保险产品有关事项的通知》《关于进一步完善人身保险精算制度有关事项的通知》和《关于强化人身保险产品监管工作的通知》等多项规定,力求限制和规范万能险的规模,规范其经营管理。

除出台相关规定外,中国保监会以停止银保渠道趸交业务的措施监管中短存续期业务超标的公司;针对公司中短存续期业务规模大、占比高等问题,下发了多个风险提示函,涉及27家公司,并明示相关单位对公司中短存续期业务规模进行控制;就互联网保险领域万能险产品常出现的销售误导、结算利率恶性竞争等一系列问题,中国保监会采取叫停监管,先后涉及前海人寿、恒大人寿等6家公司的互联网渠道保险业务。

2016年12月5日,中国保监会对万能险业务经营出现问题,且并未整改到位的前海人寿采取监管措施,勒令其停止万能险新业务。与此同时,出于前海人寿产品开发管理存在诸多问题等综合因素考虑,勒令其进行整改,在三个月内不得申报新产品。

2016年年尾,中国财富管理50人论坛、清华大学国家金融研究院联合发布了名为《规范杠杆收购,促进经济结构调整》的研究报告。并指出:

第九章
险资举牌的前车之鉴

"在宝能案例中,大家对保险资金参与并购关注点在哪儿?首先是把万能险产品做成了短期理财产品。万能险本身是一个成熟的保险品种,它不应该是一个短期的资金。而很多人在它的合同当中,通过降低提前退保的成本,把万能险短期化了,从而造成短期资金用于长期投资,加大了流动性风险……其次是将保险资金用于实际控制人的收购行为,把保险公司作为大股东的融资平台。社会资本投资于保险,应该是对社会负责的,而不能够把保险公司作为大股东自己的融资平台。"

由此我们可以看到,监管部门开始加大保险产品短期化问题的监管力度,并通过做出大量规定的方式防范该现象。针对这些问题,我们应当坚持"保险姓保"。无论是保险产品的开发,还是保险资金运用,都应该以提高保险产品保障水平、提升保险公司的偿付能力为核心。保险其实也是一种投资,具有获利的性质,但从本质来看,保险获利应该围绕提高保险产品的保障水平,或者提升保险公司的偿付能力,而不是其他。

所以对保险公司的监管需要加大力度。比如改善公司治理,使保险公司更具独立性。再比如关注股权结构,使其保持均衡,减少甚至杜绝"一支独大"的情形,避免保险公司成为控股股东融资平台的隐患,同时也要避免其和中小股东、广大消费者站在对立面。强化价值发展理念同样有必要,保险公司应当在符合市场要求的情况下优化产业结构。

并购市场中流通的资金来源越来越多样化,但融资工具缺乏、无法有效认识杠杆收购融资工具的风险、金融中介服务能力并不够高、并购业务时常出现"意料外的事件"等诸多问题仍没有解决。这些问题的存在,对市场并购参与主体杠杆资金的组织造成了负面影响。

中国境内杠杆资金组织具有各种各样分散的形式,具有券商资管计划、基金(子)公司资管计划、信托公司信托计划等套嵌现象,一旦上述资金对接银行理财资金是优先级,就有机会导致风险传导或市场交叉承受。通道业务也会延长杠杆收购中的信用链条，使资金杠杆的倍数得到明显提高。

面临有可能出现的巨大风险，有必要加大杠杆资金的监管力度。全国社会保障基金理事会副理事长王忠民在《规范杠杆收购，促进经济结构调整》报告发布会上表示："不管是谁做，什么所有制做，不管杠杆率多高，做了多少嵌套，但背后的逻辑一定是谁的杠杆谁担责，这个对称性一定要逻辑化。同时，杠杆的运用不但要透明，而且一定要把风险向投资者明示。对于监管者来说，一旦运用杠杆出现负面问题，则要一查到底，让担责者成本最大化，对一切的杠杆行为负最终责任。"

事实上，中国保监会早已经开始了加大监管的脚步。2010年，中国保监会全面放开各明细类别资产的投资比例上限；2013年，中国保监会放开了传统险的预定利率；2014年2月，大类资产监管开始实施，要求权益、不动产、其他金融产品、境外投资四大类别资产各自低于公司上季末总资产的30%、30%、25%、15%；2015年7月，中国保监会将蓝筹股投资比例上限升至40%，增加保险公司集中持股的自由度……

站在产品的透明度和灵活性两个角度考虑，万能险和传统险是比较容易成为类固收短期理财产品的，而后是投连险和分红险。

万能险的收益可以按月结算，具有很高的灵活性；传统险的利率相对固定，形式上简单许多；投资险没有保底收益，且股东并不能得到投资收益；分红险账户的透明度不高，一年结算一次，只能算作是中长期储蓄产品。

从理论上说，偿付能力监管同样是保险资本监管的重中之重，同时占据了资产负债管理的核心位置，也是投资端和产品端改革顺利进行的前提条件。已经废止的"偿付能力一代体系"（以下简称"偿一代"）始建于2003年，中国保监会于2012年开启了"偿付能力二代体系"（以下简称

"偿二代")的建设工作,并于2016年第一季度正式实施该体系。

最大的问题在于,保险公司的保险资金投资自由度相对较高,但偿付能力监管却未能体现其独立性。

从客观角度来看,"偿一代"的监管体系是支持保险资金集中持股的。不可否认,集中持有上市公司股票在一定程度上可以提升认可资产的比例,但却无法体现偿付能力监管的审慎性。

《保险公司偿付能力报告编报规则第10号:子公司、合营企业和联营企业》则规定:"如果子公司、合营企业和联营企业的股票在境内或境外公开、规范的证券交易所上市交易,保险公司应当以权益法核算的账面价值作为其在子公司、合营企业和联营企业中的权益的认可价值。如果子公司、合营企业和联营企业的股票未在境内或境外公开、规范的证券交易所上市交易,保险公司应当以权益法核算的账面价值的95%作为其在子公司、合营企业和联营企业中的权益的认可价值。"

已经废止的"偿一代"和正在执行落地的"偿二代"从不同层面规范了风险量化标准,总体而言,这些规范中并没有包括集中度风险。

在资产认可比例上,"偿一代"体系其实并没有体现集中持股风险,以联营公司、控股子公司为基本进行股权投资核算,认可比例将有可能达到权益法下账面价值的全部。在"偿二代"体系下,涉及的风险因素有保险风险、信用风险、市场风险,其中市场风险由利率风险、权益风险、房地产风险、境外资产风险、汇率风险等组成。

保险公司此后应该走价值转型之路,加大资本监管力度、回归"保险姓保"是保险行业的首要任务。保险保障基金还是应该回归给予保单持有人帮助、保单受让公司或处置保险业风险的非政府性行业风险救助基金的本位上。若保险公司资产经历惨重损失,保险保障基金应当给予保单持有人、保险公司帮助,保险行业和全社会将承担起这一成本。

利率下行势必会导致利差收窄压力，而市场下跌势必会引起资产端严重损失，经济下行则会导致系统性信用风险。与此同时，投资自由度越来越高，保险资金投资的首要任务是做好风险防范。由于保险资金较为特殊，加强资本监管力度，使"保险重新姓保"，才是避免社会损失的最好做法。

除此之外，险资举牌还会造成以下几种风险：

1. 流动性风险。

保险一般为长期理财产品，保险公司更是以拉长期限来摊销相对较高的销售成本。但保险公司或其大股东偶尔会出于自身综合因素考虑，把万能险这种长期理财产品变成短期理财产品，并加入举牌上市公司大军。在此过程中，其资金会有6个月的限售期，而万能险具有12个月的平均存续期，这就导致一旦用户退保，势必会引起流动性风险。

以下两个方面也有可能引起流动性风险：

集中持股。如金融市场时常发生的股市大幅下挫、大量股票停牌、成交量短时间内大量萎缩等情况，一旦出现叠加债市流动性偏低、大规模退保事件，保险公司就有可能面临流动性危机。

政策性风险。中国银行业监督管理委员会发布的《关于加强中小商业银行主要股东资格审核的通知》（银监办发［2010］115号）规定："中小商业银行主要股东，是指持有或控制中小商业银行5%以上（含5%）股份或表决权且是银行前三大股东，或非前三大股东但经监管部门认定对中小商业银行具有重大影响的股东。""要求主要股东董事会出具正式的书面承诺：自股份交割之日起5年内不转让所持该银行股份，并在银行章程或协议中载明；到期转让股份及受让方的股东资格应取得监管部门的同意。"

遵照该通知，若保险公司经由二级市场持续增持成为上市银行的主要股东，且保险公司希望确定其主要股东身份，则需要做出"5年内不减持银行股票"的承诺，但通过二级市场购入股票，需要占据大量的资金，在

5年内无法流转这些资金，会对保险公司造成巨大的流动性压力；若保险公司同样经由二级市场持续增持成为上市银行的主要股东，但未提出确认主要股东身份的要求，就需要面临无法向银行董事会派出董事的问题，也就意味着无法参与银行决策，预期的协同效应将无法实现。

2. 战略失败风险。

为了避免敌意收购，部分上市公司选择在公司章程中添加部分特殊条款，以减少或杜绝遭受敌意收购的可能性。如交错董事会（Staggered Board of Directors），即在公司章程中设定"董事会每三年换届一次，每次换届更换成员不能超过三分之一"。有了此规定后，即便未来保险公司成为上市公司的大股东之一，同时向董事会派遣了董事，也无法占据董事会的半壁江山，无法达到控制上市公司重大决策的目的。

如果保险公司想要改变这一现状，就必须通过股东大会的表决，而保险公司的少许董事往往无法压倒股东中持有股份比较多的一方，无法修改章程，需要等三年后董事会换届才有机会，从而影响保险公司的投资战略。

除此之外，还可以在重要事项上加上绝对多数条款，即公司进行并购、重大资产转让或经营管理权的变更等事项时，一定要取得绝对多数股东同意，如果修改该条款也需要绝对多数的股东同意方可生效。即便保险公司能够满足这一点，也需要面临要约收购（超过30%），该义务的成本颇高，让保险公司有所畏惧。

3. 关联交易风险。

与保险资金运用相关的信托账户、非投连账户、投连账户间不具备具体且强制性的防火墙制度设计，其中投连账户或赚或赔都要由客户独立承担，信托账户和非投连账户或赚或赔是与保险公司自身利益相挂钩的。也就是说，如果在信托账户、非投连账户、投连账户间进行利益输送，将有可能产生关联交易风险。

此外，是否会影响企业形象也是企业进行险资举牌时需要考虑的问题。险资举牌对企业形象的影响源自两方面，一是媒体炒作可能造成负面影响，二是可能暴露企业之前的负面消息。

监管部门为何叫停险资举牌

保险资金举牌上市公司存在诸多风险，但是监管部门对保险资金流向资本市场的打击并非全部由于这些风险。在保险资金进入资本市场的过程中，究竟哪里触犯了监管部门的底线，致使监管部门强势叫停险资举牌，在进行并购重组时企业又应该躲避哪些雷区，接下来我们将逐一分析。

我们先来说说资本运作的问题。在全球任何国家和地区，实业都需要背负价值创造的任务，也奠定了一个国家和地区的财富基石。如果一个国家和地区的实业发展不够兴旺，那么就无法谈及经济社会发展。

资本运作就是一种分配财富的方式，它并不等同于创造新价值，本质上是通过资本工具，将别人的钱放进自己的口袋。经济发展的核心不应该放在资本运作上。

在世界各地，每一个资本市场的建设都是为了促进经济发展，让实业能够更好发展。从18世纪上半叶英国工业革命开始，科技发展促使许多基础产业急需资金进行新的建设，这一需求对公司股票发行、交易产生有利影响，资本市场迅速发展。美国华尔街的兴盛同样与实业相关，因为当时美国在实施开发运河、修建铁路、西部开发等国家战略。中国资本市场也如出一辙，与改革开放有着必然联系。

可以说，如果实业未能发展起来，大国崛起和资本市场繁荣就只能算

第九章
险资举牌的前车之鉴

是空喊口号。

在实业发展过程中离不开资本运作,尤其是优质的资本运作。险资举牌对于资本市场来说,可以带动资本市场的发展,但运用不当也会对资本市场产生负面影响。

其实,保险资金大规模举牌上市公司在A股历史上是极为罕见的一幕。在接二连三的举牌行为中,一些问题开始凸显,比如上市公司控股权的争夺战、市场短期炒作、杠杆收购,保险资金出现了期限错配、利益输送等风险,资本市场也因此产生剧烈波动。

经过数年发展和积累,保险资金的力量已经十分强大。根据中国保监会2017年5月3日公开的《2017年1~3月保险统计数据报告》数据显示:"产险公司总资产24724.61亿元,较年初增长4.13%;寿险公司总资产126644.41亿元,较年初增长1.83%;再保险公司总资产3601.25亿元,较年初增长30.42%;资产管理公司总资产431.20亿元,较年初增长1.15%。"

保险资金进入资本市场的目的应是获得长期、稳定的分红和资本增值。站在这个角度,保险资金或许能够成为资本市场中较为稳定的一员,资本市场走向成熟也需要保险资金保驾护航。

从理论上讲,险资举牌是契合保险发展规律的,同时也是满足资本市场发展需求的。资本市场想要获得稳健发展,必然需要一个强大的资金链条作为后盾,保险资金如果运用得当,或许有机会承担这一职责。

虽说理论上保险资金进入资本领域应该被支持,但是在实际操作中,保险资金进入资本领域的道路并没有那么一帆风顺。尤其是在险资举牌中不管不顾的"野蛮人"行为,在资本市场掀起一阵恐慌的浪潮,那些股权相对分散的上市公司无不惴惴不安,监管部门也在保险公司险资举牌引起的市场异常中发觉到了不妥之处。中国保监会先是处罚了前海人寿和恒大人寿,紧接着召开各项专题会议表明监管层态度。

对于 2015 年到 2016 年风头大盛的险资举牌事件，监管部门明确了监管风向。2017 年 1 月 24 日，保监会发布了《中国保监会关于进一步加强保险资金股票投资监管有关事项的通知》，并指出："保险机构或保险机构与非保险一致行动人投资上市公司股票，分为一般股票投资、重大股票投资和上市公司收购三种情形，中国保监会根据不同情形实施差别监管。保险机构应当遵循财务投资为主的原则，开展上市公司股票投资。"

2017 年 5 月 9 日，保监会发布了《中国保监会关于开展保险资金运用风险排查专项整治工作的通知》，其"总体原则"一项指出："通过开展保险资金运用风险排查专项工作，核查保险资产的真实性及资产质量，全面掌握保险资金运用状况，摸清行业风险底数；坚决防范治理金融产品嵌套、监管套利等金融乱象，推动公司进一步提高保险资金运用的合规意识和投资管理水平，强化监管制度的刚性约束。针对问题突出的公司，严肃查处违法违规问题，防范化解风险，引导公司进一步正确把握保险资金运用内在规律，推动保险资金更好地服务实体经济和国家战略。"

这意味着，中国保监会对遵循监管规则、满足保险资金长期投资要求的行为并不持反对态度，只是对部分达不到监管要求、投资过程"快进快出"、背离资金投资理应遵循的方向的行为持严格打击态度。

杠杆收购是资本市场发展到一定阶段的必然产物。在西方国家相对成熟的市场环境中，不仅存在杠杆收购，还存在反制杠杆收购的"毒丸计划"，即股权摊薄反收购措施，当某公司遇到敌意收购，尤其是收购方占有被收购方 10%～20% 的股份时，被收购方出于保住控股权的目的，通过大量低价增发新股的方式缓解危机。也就是通过他人购入股票，稀释收购方的股份，同时增加收购方的收购成本，使收购方迫于压力放弃收购。

中国目前实行的《公司法》并没有与"毒丸计划"相似的应对手段。这就导致了中国保险企业能够轻易进行险资举牌，一旦保险企业选择举牌上市公司，上市公司就没有能力抵抗。

资本市场需要的是公平的游戏规则。如果资本市场规则不对等，缺少相应的制度管理，给予保险资金为所欲为的空间和自由，保险资金很容易成为"野蛮人"。

世界范围内并不存在保险公司跨领域经营其他行业公司的先例，但从实际情况来看，险资公司可以算作是"万能"的，在取得上市公司控股权后，基本上可以掌握任何行业公司的命脉。水能载舟，亦能覆舟，任何活动于资本市场的资本都不应该采用蛮干的形式进行活动。

如果对蛮干行为持放任态度，任其敌意收购而不管不顾，势必会搅乱市场秩序，打破原有平衡，引起巨大的骚动，甚至需要市场为此买单。由此可见，不论监管层对险资举牌持什么态度，2015年到2016年间的险资举牌事件都是违背资本市场建立初衷的，也难怪会引起监管层以及市场的大力抵制。

中国实业经过30多年发展才取得了今天的成绩，被险资举牌逼得走投无路的企业中不乏行业中的佼佼者。若放任这些佼佼者被来路不明、只求套取高额利润的资本玩弄于股掌之上，无异于将一代人的辛苦与心血抛诸脑后。在资本市场，资本玩家窃取经济发展成果是不被允许的，如果这些玩家肆意从市场中窃取利益来满足自己的私欲，对于整个社会而言，将是一场灾难。

总之，中国资本市场需要从自身特点出发，借鉴欧美成熟市场的经验，进一步深化改革，完善相关的法律和制度。而对于并不受资本市场认可的保险企业和保险资金来说，应该拒绝以利益为全部目的的并购行为，从更加专业的角度支撑实体经济发展，如此方能获得市场的认可。

当然，无论是哪一类资金、哪一类企业，在举牌上市公司时都应该遵从相关法律制度和市场准则，否则就会步险资举牌的后尘。

名词解释

合并

指公司合并,即两家或两家以上的公司根据《中华人民共和国公司法》(以下简称《公司法》)规定,遵照其规定的程序签订合并协议,无需经过清算过程,直接融合为一个新公司的行为。

收购

收购是企业之间产权交易常见的一般形式,即公司 A 通过资金交易获得公司 B 部分或全部控制权。

兼并

一般指公司 A 通过合法方式获得公司 B 所有控制权或吞并公司 B 的行为。

并购

在国际上,并购被称之为"M&A",英文全称 Merger & Acquisition,与广义的合并、收购意思相同，也可以理解为这两个词的合称。

并购重组

是指两个公司或多个公司之间实现合并，并重新组建一个公司，也可以指各公司间相互持有对方的股份。

跨境并购

即国家与国家、地区与地区、国家与地区的企业间，横跨国界进行的并购行为。

吸收合并

《公司法》规定：一个公司吸收其他公司为吸收合并，被吸收的公司解散。

新设合并

《公司法》规定：两个以上公司合并设立一个新的公司为新设合并，合并各方解散。

混合并购

是指某个企业吞并了与自己业务既不相似或相同，又不相关或相连，即对无论是横向或者纵向都没有任何关系的企业进行的吞并行为。

横向并购

即两个或多个产品相同或相似公司之间发生的并购行为。

名词解释

纵向并购

即生产或经营等阶段联系密切或具有纵向合作关系的企业间发生并购。简单来说，就是不存在直接竞争关系的供需双方企业之间的并购行为，主要目的是为了纵向扩展其业务。

杠杆收购

是以目标公司的资产及未来盈利作为担保获得贷款，另一种形式是通过目标公司发行垃圾债券来融资，垃圾债券利率高，但同时风险也高。通过杠杆支付，企业只需要付出极少的代价便可以获得目标公司的控制权。

"金字塔式"控股公司

即某家控股公司作为"领导人"，统辖第一层子公司，而位于"领导人"之下的第一层子公司成为第二层子公司的"领导人"，第二层子公司则成为第三层子公司的"领导人"，以此类推。

布雷顿森林货币体系

即第二次世界大战后围绕美元建立的国际货币体系。该体系的出现可追溯到1944年的联合国国际货币金融会议，由于此次会议选择美国新罕布什尔州布雷顿森林作为召开地点，所以此次会议通过的各项协定，再加上关税总协定，被统称为"布雷顿森林货币体系"。

多元化经营

即同一家企业能够同时生产经营不同种类、用途的产品，在数个不同且互不关联的领域与相应的对手展开竞争。

敌意收购

也被称为敌意收购,即有意向进行收购行为的公司未获得目标公司管理层认可,在不考虑对方是否能够接受被收购的前提下,自顾自地对该公司进行收购行为。

保险资金

多被称为险资,即从事保险行业的公司筹集的资金。当然,这部分资金需要满足一定的要求,并不是所有的保费都能够投入资本市场。

险资举牌

险资即保险业的从业公司的资金。《证券法》规定,"投资者持有一个上市公司已发行股份的5%时,应在该事实发生之日起3日内,向国务院证券监督管理机构、证券交易所做出书面报告,通知该上市公司并予以公告,并且履行有关法律规定的义务",业内称之为"举牌"。

股权分散

即在股份制公司中,有大量的股东持股比例较高,但持有的股票数量不高。

股权结构

即以股份公司总股本统计标准,所有涉及其中、不同来源及性质的股份占据的比例。也指上述股份的相互关系。股权结构是公司治理结构的基础。

增持

证券业常见术语,即增加持有(股票、股份),也被称为加仓。

停牌

资本市场名词,是指股票因为某消息或由于某种活动而出现持续上涨或下跌的现象,出现这种现象后,证券交易所会暂时解除其在股票市场上交易的权利,等待事情解决或者企业恢复正常经营后,再恢复被停牌企业在交易所挂牌交易的权利。

浮盈

指账面上看得出的盈利,即成本低于目前的市价。

浮亏

指账面上看得出的亏损,也就是买入价高于市价,但由于卖出后才能获得收益,算不上实际盈利,所以称为浮盈。

避险情绪

经济术语,是指并不愿意以借款等方式肩负风险,为了躲避这一风险选择逃避的情绪。

资管计划

即集合资产管理计划,是将客户资产集中处理,交给专业的投资渠道(券商/基金子公司)管理。证券公司、基金子公司等机构多会向高端客户开发这种理财服务,使其将一定资产投入相关产品上。

资金清算

金融机构间针对资金调拨、划拨支付进行结算，同时清偿由此而来的资金存欠。

资产重组

资产重组围绕三个核心，即企业资产的拥有者、控制者、企业外部的经济主体，围绕这三个核心重新组合、调整、配置企业资产的分布情况。也指重新配置设在企业资产上的权利的过程。

有条件通过

即项目已经通过发审委审核，但是之后还需根据发审会意见补充披露、修改或是完善材料，最后才能正式拿到证监会审核批文。

控制股权

对公司拥有话语权的持股比例。这些股份可以是由一人或是多人持有。

市场份额效应

是指企业产品在市场中所占有的一定比例。换言之，便是企业对市场的控制能力。

敲钟上市

公司首次在证券市场上市，其法人代表需要到交易所敲响大钟。

个股

一种无偿还期限的有价证券。个股的投资资金来源于个人，可以自由上市流通。

涨停板

在证券市场中，交易当天股价的最高限度，即当日股价停止上涨，而非停止交易。涨停板时的股价便是涨停板价。

风险投资

全称为 Venture Capital，其简称为 VC，译为风险投资。广义的风险投资是指所有具备高风险、高潜在收益的投资；狭义的风险投资是指在高新技术的基础之上，对市场中生产与经营技术密集型产品的投资。

私募股权投资

全称为 Private Equity，其简称为 PE，译为私募股权投资。即非上市企业所进行的权益性投资，通过上市与并购的方式，出售所持企业股份来获取利益。

O2O

即 Online To Offline，译为在线离线/线上到线下。其主要内容是使互联网成为线下交易的一个平台，涉及线上的同时也涉及了线下。

IPO

全拼为 Initial Public Offerings，译为首次公开募股，是指企业或公司

（股份有限公司）首次将其股份公开发行。

资产置换

上市公司控股股东以优质资产或是现金形式与上市公司的呆滞资产进行置换，或以主营业务资产置换非营业业务资产。包括整体资产置换和部分资产置换等形式。

募集配套资金

在企业并购重组的过程中，募集相关项目所需要的资金。

C2C

全拼为 Consumer to Consumer，译为个人与个人之间的电子商务，是指消费者个人与个人之间的电子商务行为。也就是说，消费者个人以互联网为媒介，与另一个消费者进行交易。

市盈率

全拼为 Price earnings ratio，即 P/E ratio，译为市价盈利比率，简称市盈率，是常用于评估股价水平是否合理的标准之一。

评估基准日

法定资产评估机构接收企业的评估任务后，确定委托评估对象在某一时点的公允价值，这个时点便是评估基准日，具体到日期。

大小非

"大小非"是指非流通股、限售股，也可以称之为限售 A 股。小非即小部分禁止上市流通的股票；大非则与之相反。

二级市场

即证券交易市场，也可称之为证券流通市场（Security Market）。是已经发行的证券进行买卖、转让与流通的市场。

溢价

企业所支付的实际金额已经超出了证券或股票的名目价值或面值。

B2C

全拼为 Business-to-Customer，译为商对客，是电子商务的一种模式，直接面向消费者，进行产品销售与服务。此类形式的电子商务以网络零售业为主，为消费者提供网上商店这个新的购物环境。

A、B 股

A 股股票为人民币普通股票，是以人民币方式进行交易，是由中国境内公司发行的。B 股股票是以非人民币方式进行交易，例如上海的 B 股是用美元方式进行交易，深圳的 B 股是用港币方式进行交易。

3C 产品

即计算机（Computer）、通信（Communication）和消费类电子产品（ConsumerElectronics）三者结合，亦被称为"信息家电"。

参考文献

[1] 雷霆. 公司并购重组原理、实务及疑难问题诠释[M]. 北京：中国法制出版社，2016.

[2] 佩提特，费理斯. 企业并购价值评估从入门到精通[M]. 北京：人民邮电出版社，2015.

[3] 周春生. 融资、并购与公司控制[M]. 北京：北京大学出版社，2013.

[4] 中伦文德律师事务所. 公司并购实务操作与法律风险防控[M]. 北京：中国法制出版社，2015.

[5] 张伟华. 海外并购交易全程实务指南与案例评析[M]. 北京：中国法制出版社，2016.

[6] 罗伯茨. 并购之王：投行老狐狸深度披露企业并购内幕[M]. 唐京燕，秦丹萍，译. 北京：机械工业出版社，2014.

[7] 江苏省上市公司协会. 上市公司并购重组流程及案例解析[M]. 南京：江苏人民出版社，2016.

[8] 普里切特. 并购之后：成功整合的权威指南[M]. 杭州：浙江大学出版社，2017.

[9] 方嘉麟，林进富，楼永坚. 企业并购个案研究（四）[M]. 台北：元照出版有限公司，2011.

[10] 方嘉麟. 管理层收购法律规范理论与实务[M]. 台北：元照出版有限公司，2014.

[11] 全球并购研究中心. 中国并购报告[M]. 北京：人民邮电出版社，2006.

[12] 王保树，朱慈蕴，施天涛，等. 公司重组：理论与实践[M]. 北京：社会科学文献出版社，2014.

[13] 周学东. 互联网时代的新金融业态与央行监管挑战[M]. 北京：经济管理出版社，2017.

[14] 华生. 万科模式：控制权之争与公司治理[M]. 北京：东方出版社，2017.